ホントのあなたは絶対に運がいい！

自己肯定感アカデミー代表
自己肯定感の第一人者
中島輝

扶桑社

プロローグ　気づいた人から運は良くなる！

すべての人に運というものはあって、**それを肯定的に「これだ」とつかみ取る力を持っていることが、運をうまく手に取ることができる条件なのです。**

この本は「運を良くしたい」と思うことからスタートします。「運を良くしたい」という気持ちで読めば、あなたの運はどんどん良くなります。

そして**その力には、自己肯定感がまさに必要となる**のです。

私は運だけで生きてきました。

酒蔵を営む家系に生まれましたが、幼少期は孤独な日々を過ごしました。

5歳のとき、私を預かっていた里親が突然姿を消し、その瞬間、深い喪失感と孤独に襲われたのを今でも鮮明に覚えています。

少年時代には、精神的な困難に直面することが多く、心の中では絶えず葛藤していました。

しかし、そんななかで私は哲学に救いを見出しました。

その後、多くの苦難を乗り越え、心理カウンセラー・自己肯定感の第一人者・グリーフケアの第一人者としての道を歩むこととなりました。

さまざまな精神的な病を克服できたことも運が良かったですし、そのときにいろんな人と出会えたことも、お金に対して苦しめたこともすごく良かった。

『自己肯定感の教科書』のようにロングヒットしている本があるということも、運以外ありません。

いい内容かどうかという以上に、タイミングが良かったということです。

本が売れることは奇跡です。何年もの長い間、重版となる本はそうそうないので、運が良すぎますね。

運がいい人、悪い人という言い方をします。

それがどういうことなのか考えると、まず「運」とは解釈次第だということ。「これが好運の前兆なんだ」と思える力が、すごく大切なのです。

「あ！　運命の瞬間かも」とか「これが何か大きなきっかけなんだ」と自分で気づけることが、重要。なぜなら、**運がいい人は、思い込みの強さを、いい方向にうまく作用させているから**です。

実業家の孫正義さんは、在日の方であり、北九州の集落で生まれ、非常に困難な人生を歩んできました。しかしその困難な状況に屈せず、むしろその環境に生まれたことが良かったと前向きに捉えました。

彼のお父様は、自己肯定感の強い方で、孫さんが何をしても「天才だ」と言い続けたそうです。たとえ差別や貧困に囲まれて育ったとしても、孫さんはお父様の「君は天才だ」という言葉を信じ、その言葉が潜在意識に深く根付いていったのだと思います。

この言葉が、彼の自己肯定感を高め、あらゆる困難を乗り越える力となったのでしょう。

このように、運がいい人は、自己肯定感が高い傾向にあります。

自己肯定感とは、物事を肯定的に解釈する力を指します。

つまり**失敗を単なる失敗としてではなく「挑戦の証し」と捉えたり、不幸の数を数える代わりに「感謝の種」を数えたりすることができる能力**です。

自己肯定感が高い人は、性善説で物事を見つめることができ、「人は最終的にはいいものである」と考えることができます。

そして視座が高まっているため、街を歩いているときに人とぶつかったとしても、「急いでいる人もいるよね」と考えることができます。

逆に自己肯定感が低いと、そのような状況で「どうしてそんな歩き方をするのか？本当にツイてない」とイライラすることがあります。

自己肯定感が高いと、人のいいところに目を向けやすく、自分自身を客観的に見つめることができます。

こうした俯瞰的な目線を持つことにより、ポジティブな解釈をしやすくなり、幸運に向かって行動することができます。

結果として、運が良くなり、行動も早くなることで運用方法がうまくなると言えるでしょう。

ある寓話を例にして、運や気づきの重要性について説明しましょう。

昔、ある国で大洪水が発生し、一人の男が家の屋根に避難していました。

水はどんどん迫り、男は「助けて！」と何度も叫びました。

すると小さなサーフボードのような木の板が、男の目の前を何度も流れていきました。

しかし男はその板に気づかず、ただひたすら「助けて!」と叫び続けました。

ついに水が屋根の上まで達し、男は溺れてしまいました。

天国で神様に出会った男は「なぜ何度も助けを求めたのに、助けてくれなかったのか」と神様を問い詰めました。

すると神様はこう答えました。

「私は何度も君を助けようとしたんだ。君の前に小さな木の板を流したのに、君がそれに気づかなかっただけなんだよ」と。

男は「そんな小さな板が助けになるとは思わなかった。もっとはっきりと助けてくれたらよかったのに」と言いました。

神様は「もし私が直接助けの声をかけたら、その声は地球上に響き渡り、大混乱を引き起こすだろう。だから、君自身が気づくことが大切だったんだ」と説明しました。

この寓話は、「チャンスの神様には前髪しかない」という言葉を思い起こさせます。チャンスは往々にして目の前に現れますが、それがチャンスだと気づかないまま通り過ぎてしまうことが多いのです。

後から気づいても遅く、チャンスをつかむためには、目の前に現れた瞬間にそれを見極める力が求められます。

ここから学べるのは、**日常生活においても、小さなチャンスや運の気づきを見逃さないことの重要性**です。

どんなに小さなサインでも、それが将来につながる大きなきっかけとなることがあります。

私たち自身が**注意深く周囲を見渡し、目の前にあるチャンスをしっかりとつかむことが、成功や救いへの道を開く**のです。

もし私がその状況にいたなら、最初に流れてきた木の板をしっかりつかむと思います。何度も見送らずに、「なんてラッキーなんだろう」と思いながら、すぐに行動するでしょう。

こうした「運をつかむ力」を身につけることは、非常に強力な武器になると思います。

たとえ「こんな小さな木の板では無理だ」と思っても、その板が何度も流れてきたのなら、それはチャンスにほかなりません。

多くの人は、もっと大きなチャンスを待とうとして目の前の機会を見送ってしまいがちですが、実際はチャンスには次はないことが多いのです。

そして人生にはリズムがあります。

悪いときにもチャンスはありますが、それは状況を少し良くする程度のものです。

しかし、いいときのチャンスは、一気に大きな成功へとつながる可能性があります。

だからこそ、目の前に現れたチャンスはすべてつかんだほうがいいのです。

人生は一度きりです。

全員に運は与えられていて、その運をどう運用するかが人生の楽しさや苦しさを決めます。

運をうまく活用すれば、半世紀を優に超えてもまだまだ新たな挑戦ができるのだと、自分自身の姿を通じて示していきたいと思っています。

実際、運は全員に平等に存在していて、気づく人と気づかない人との違いだけです。「君は天才だ」と言われて、本当にそう信じて行動することで、すべてが肯定的に解釈できるようになる。

それが運を好転させる鍵だと思います。

自己肯定感を持ち、すべてを肯定的に捉える知恵を持つことが、運を好転させるための最も重要な要素です。

運命を嘆くか、それを生かそうとするかは、自分次第です。
運と自己肯定感、潜在意識の関係を理解し、自分の中で活かしていくことが重要です。

この本では、自己肯定感を上げることにより、あなたの運が絶対に良くなる方法とその理由を詳しく解説していこうと思います。

そして、この本を手に取ったあなたは、今までの人生で起こったすべての苦しいこと悲しいことは、これからの人生、絶対に運が良くなるためのギフトだったと思うでしょう。

大丈夫、ホントのあなたは絶対に運がいい。おめでとう！

CONTENTS

第5章 運の強敵「お金」に勝つ!

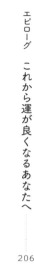

第1章

好運のカギは「命の動詞」

あなたの「命の動詞」は何？

タイトルでいきなり、「ホントのあなた」と言われると考え込んでしまいますよね。

これはそんなに難しいことではなく、「ホントのあなたの得意なことは何か」と言い換えられます。

まず、運がいい人はイキイキしています。それは生きるうえで、**自分の「得意技」を発揮しているから**です。

その状態でいると、とにかく自己肯定感が高く、運も絶対的にいいことがほとんどです。

自分の得意技に気づかずに、間違った自分でいる人はとても多いです。

生まれる前の段階や、生まれるタイミングといった、人生の初期における経験が、後になって自分の得意技として発見されることが多いです。

しかし、それを後からどうやって見つければいいのでしょうか。

たとえば同じ会社で働いていても、人間関係の探求を通じて、人財育成が好きだと感じる人、組織やチームを通じて企画を成功に導くのが好きだと気づく人がいます。

そのときに、その思いをどのように実現するか、そのために得意技が発揮されるのだと感じます。

これはとてもシンプルであり、**どんな動詞に興味を持つかという点が得意技に通じる**のです。

たとえば私の場合、好きな動詞は「挑戦する」でした。

当初は「優しくする」といった動詞が得意だと思っていたのです。

実際、幼い頃から「優しい子だね」と言われて育ち、顔立ちも女の子のようだと評されていました。

そのため自分の得意技は「優しくする（助ける）」だと思い込んでいました。

A	B	C	D
挑戦する	探求する	役に立つ	サポートする
前進する	作る	調和する	助ける
変革する	解決する	応援する	治す
達成する	研究する	和をつくる	導く
新しくする	工夫する	場を作る	元気づける
開拓する	分析する	守る	育てる
巻き込む	企画する	伝える	救う
鍛える	知る	つなぐ	教える
手本を示す	楽しませる	仲良くする	伝える

しかし実際には「挑戦する」ことに強く惹かれていたのです。

もちろん人に優しくすることも大切ですが、私はどんどん挑戦し、次々に目標を達成することに情熱を感じています。

行動することは、命を運用することに他なりません。

私たちは生命体であり、人間という動物です。

そのため、どの動詞で心が動くのかを見つけることが非常に重要です。

「4種類の動詞タイプ表」があります。

A：エネルギーに満ちあふれ、意志の強さを感じさせるタイプ
B：楽しいことに対して積極的で、知識欲にあふれるタイプ
C：穏やかな優しさのなかに、親しみと愛情がにじみ出るタイプ
D：相手の気持ちをくみ取り、周囲との関係を大切にするタイプ
に分類されます。そのなかで「工夫する」「企画する」といった動詞に共鳴する人もいれば、そうではない人もいます。

私の場合「挑戦する」「変革する」といった動詞に心が躍るのです。

どういったことで心が「動く」のか、そして何を探求するのかということが、この後に説明する使命を見つける手がかりになります。

この動詞のことを私は「命の動詞」と呼んでいます。

そして、探求することとこの命の動詞が一致したとき、私たちは自分の運命に感謝できるのです。

職業はなんだっていい

本来はお母さんのお腹に宿った時点で内向的で受動的な性格だったとしても、お父さんやお母さんが外交的で能動的であれば、子どももその影響を受ける可能性があります。

外交的に振る舞うほど学校では人気者になるけれど、「なんか違うな」と感じるかもしれません。

実は自分の世界に入り、何かをコツコツと創作していくことが自分にとって大切だとわかる場合もあるでしょう。

そのことに気づくことができれば、自己認識が高まり「自分には価値がある」と確信できるようになります。

本来の自分は内向的で受動的であったとしても、両親の影響で外交的に生きた経験

から、好きなことを発信することに恐れを感じず、むしろそれを積極的に楽しめるようになるでしょう。

たとえば自分の作品を誇りに思い「この環境をお父さんとお母さんから与えられたおかげだ」と感謝できるようになります。

このことが自分の探究するもの・使命の気づきにつながっていく。

さらに自分の使命というものをしっかりと理解し、そしてすべてに価値がある、と思えるようになっていくためにも、自己肯定感というものがとても必要であるというわけです。

セッションを重ねるごとに強く感じるのは「この職業が自分に合っているか」よりも「何で動こうとしているのか」が大事だということです。

他人から言われたことではなく、自分自身が何に基づいて行動しているのかを理解することが重要なのです。

ある有名な講師が私のセッションに来られたことがあります。

彼に「命の動詞」のセッションを試みたところ、非常に興味深い話が出てきました。

その方は、中学生のときにバスケットボール部に所属していたことを話してくれました。

彼はシュートを決めるよりも、仲間にパスを出して、シュートが決まる瞬間に大きな喜びを感じていたそうです。

その成功体験が続くことに幸せを感じていたと言います。

社会人初期の経験に話を移します。

彼は大手サービス業のリクルート社に、肩書に惹かれて入社し、最初は先輩たちをサポートすることが楽しく、役に立つことで優越感に浸っていたそうです。

みんなで目標を達成することや、仲間から声をかけられることが嬉しかったと振り返っていました。

しかし社会人4年目のとき、彼はリーダーとなり、人を助けるよりも厳しく指導することが増え、人間関係に疑問を持つようになってしまったそうです。

その結果、つらさを感じて退職し、現在は講師業を行っているという話でした。

このように話を進めていくなかで「もしかすると、リーダーとして数字を追いかけるよりも、みんなで場を作り、他人を助けることに喜びを感じるのが、あなたらしさなのではないでしょうか？」と問いかけると、彼はとても驚いた反応をしていました。

これが、まさにその人の原体験を掘り下げて、その人の得意技、つまり個性を見つけ出すプロセスです。

得意技を見つけるということは、その人がどのように行動するか、つまりどの動詞

がその人の行動を導くのかを理解することです。

この方の場合は「助ける」という動詞が中心にありました。

一方で私自身はそういった「助ける」という役割を担うことはほとんどありません。

このように命の動詞をきっかけに、自分らしさを知ること、価値観や精神性を理解すること、そして自分の得意技であるあなたらしさという個性を知ることが、運命を切り拓き、運が良くなるポイントです。

職業というのは単なる手段であり、真の目的は誰に対してでもなく、自分自身の得意技をどう発揮するかということにあります。

人生の目的はそこにあると思うのです。

運が良くなる就職活動

自分の得意技を発揮するために、何をするのかは重要です。

たとえば就職活動の際には、職業の名詞で選ぶのではなく、自分がどのような動詞で動きたいのかを知ることが大切です。

CA（キャビンアテンダント）になりたいという場合でも、どのようなCAになりたいのかによって、その働き方は異なります。

挑戦するCA、解決するCA、人をつなぐCAなど、それぞれが異なる役割を果たします。

このように命の動詞を探すことで、自分が本当にやりたいことを見つけることができ、それが仕事に反映されます。

同様に、公務員でも、安定した職業を通して誰かを元気づけたいと思う人や、挑戦したい人、負の部分を改善したい人など、さまざまな動詞に基づいて動くことができます。

つまり自分の得意技さえ理解していれば、どのような職場でもそれを発揮できるのです。

私自身も、もしこのことを知らなければ、精神を病んでいたかもしれません。以前は自分が違う方向に進んでいると感じており、その結果、最後には周囲との対立や衝突が生じていました。

命の動詞がいくつか当てはまってしまったら

自分の当てはまる命の動詞において、たとえば私のように「挑戦する」「前進する」「変革する」といった同類の動詞が自分にしっくりくる場合は、その方向性で進むのが理想的です。

しかし「挑戦する」と「サポートする」という方向性の違った動詞が当てはまる人もいます。

その場合、「挑戦しながらサポートする」のがいいのか、「サポートしながら挑戦する」のがいいのか、優先順位が変わってきます。

複数の動詞が当てはまる場合は、どれを優先するかを早めに見極めるために行動すること。自分らしく生きるためには、それが重要です。

最終的に、**自分の得意技や命の動詞の優先順位が見えてくると、それを日常生活に生かすことができるようになります。**

せっかく生まれてきて努力しているのですから、その努力をする際に、自分に合った命の動詞を考えながら進むほうがいいのです。

思い込みや刷り込みに縛られるよりも、**常日頃から自分の命の動詞を見つけて「どちらが自分にとって本当に大事なのか？」と考えましょう。**きっと1年もかからずに答えを見つけることができるでしょう。
そしてその命の動詞から連想する行動を、習慣づけることが大切です。

私は自分をサポート役だと思っていましたが、実際にはずっと自己犠牲をしていたようです。

しかし、そのサポートは相手を主体的に輝かせるためのものであり、「自分が人を輝かせること」が目的に変わった瞬間に、同じ時間を過ごしているにもかかわらず、自己犠牲が楽しい時間に変わりました。

自分の命の動詞に従って生きると、運命は自然に開けるものです。それは、自分が本来持っているものを活用しているだけだからです。

「やりたいこと」を明確にすれば運が開ける

あなたの命の動詞を使って探求することは、最終的に「やりたいこと」に帰結します。

ただし「やりたいこと」というのは名詞的に捉えられがちで、たとえば編集者やサッカー選手のように具体的な職業や活動に結びつけられます。

しかし、やりたいことは名詞に限られず、何度も繰り返したくなる行動そのものです。

だからこそ「やりたいこと」を踏まえたうえで、新しい表現を探すことです。

「やりたいこと」というよりも、「目指すべき方向」をイメージすることで、開運につながっていきます。

自分の個性が特性として機能し、得意技として発揮されると、人生はより良い方向に進み、満足感を得られます。

市役所であれ、外資系保険会社であれ、得意技を生かして働くことで、その場にふさわしい役割を果たせます。

自分の「やりたいこと」と命の動詞ができる「得意技」が一致しているとき、それは非常に楽しい体験になります。

「得意技」にフォーカスすることで自己肯定感が高まり、成功への道が開ける場合が多いですが、「やりたいこと」を無視してしまうと、長期的な満足感を得ることは難しいでしょう。

この2つがうまく重なると、充実感と成功が手に入るのです。

それをこの本を読んだ方には、まず受け取ってもらえたら嬉しいです。

さらにやりたいこと、そして得意なことについて探っていきます。

私自身の経験からお話しすると、私は子どもの頃、国語が得意だと勘違いしていました。国語のテストの点数が良かったため、周囲から「国語が得意なんだね」と言われていました。

さらに算数の点数は非常に悪かったのです。

なぜなら私は小さい頃から「1足す1がなぜ2になるのか」ということに疑問を感じており、その部分でつまずいてしまう子どもだったからです。

その理由が解明できないと納得できず、単に「1足す1は2なんだよ」と言われても理解できないタイプでした。

その結果、理系分野は嫌いで「自分はずっと文系の人間なんだ」と思い込んでいたのです。

そんなふうに思い込んでいると、すべてがうまくいかないわけですよね。

大学は法学部に進学したのですが、法学部では刑法や民法など授業が細かく分かれています。

私は民法が大好きでした。

民法には、AさんがBさんと、BさんがCさんと……といった具合に、主人公が何人も登場する複雑な因果関係が描かれていて、それがとても面白かったのです。

一方で、刑法はまったく面白くありませんでした。

たとえば万引行為をしたら何年の刑になるといった決まりがあって、特に興味を引かれることがなかったのです。

あるとき、理系の友人にその話をしたら、「もしかして物理が好きなんじゃない？」と言われました。「君は、何かを突き詰めたり、正体を暴いたり、何かを探求していく物理のほうが好きなんじゃないか？」と指摘されたのです。

驚きました。自分は理系が嫌いではなかったのです。

「物理ってそういうものなの？」と聞いたところ、「そうだよ。1行しかない問題文を1時間かけて解くんだ。結構楽しいと思わない？」と言われ、そこで初めて「楽しい」と気づいたのです。

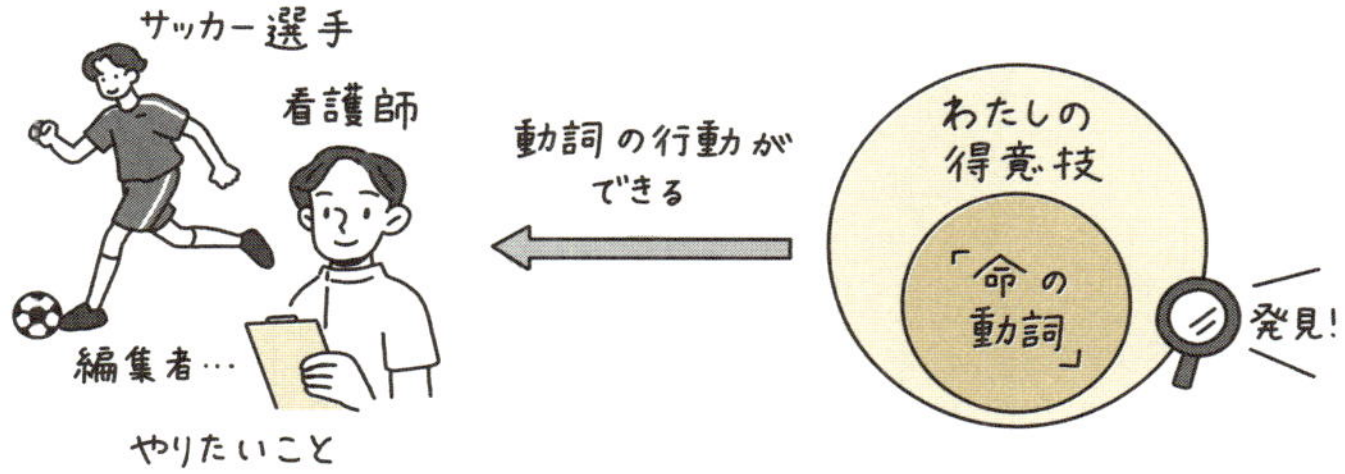

「理系は苦手分野だ」と思い込んでいたことに20歳を過ぎて気づきました。

それまで自分はずっと文系だと思い込んでいたけれど、実はそうではなかったのです。

自分が大学で熱中して得意だと思っていた民法は、物理につながっていたのです。

ここで大切なのが、「やりたいこと」と「得意技」の関係です。

私はずっと国語が好きだと勘違いして、それに取り組んでいました。

自分の得意技とやりたいことが一致していなかったのですね。

得意技を発揮することで運が開ける理由は、得意技を活かすことで自己肯定感が高まり、その一部である「自分らしさを発揮している」という感覚が強化されるからです。

運が開けるときというのは、自分が楽しく過ごし、自分らしく輝いているときです。

これがP20の動詞表と照らし合わせた左の表の性格タイプに対応し、各タイプが持つ感覚を満たすことで、運命が開かれるのです。

「愉快」という言葉は、ワクワクやドキドキ、安心感など、すべての感情を内包する表現として使われています。

得意技を発揮し続けると、その状態が「愉快」につながります。

「楽しい」と「愉しい」は似たような意味を持つ言葉ですが、ニュアンスに違いがあります。

「愉しいこと」をしているときや得意技を発揮しているときは、本当に愉快な気持ち

A

- □ 体を使うことが好き
- □ やりたいと思ったら、やらないと気がすまない
- □ 目標にむかってやったことがうまくいったとき達成感を感じる
- □ いいと思ったらすぐ実行し、夢中になる
- □ リーダーになるのが好きで、むいてると思う
- □ 遊びや勉強で努力しない人を見るとイライラする

B

- □ いろいろなことに興味を持ち、試してみたくなる
- □ 流行に敏感で、新しいものを知るとやってみたくなる
- □ よくやる遊びでも自分で新しいルールを考えてやってみるのが楽しい
- □ 自由が好きで、やったことをまわりから突拍子もないと驚かれることがある
- □ 飽きるのも早く、すぐ興味がなくなる
- □ 自分がやっていることを人がどう思うかあまり気にしない

C

- □ 人と協力して何かを作り上げることが好き
- □ 1人で決めなければならないときより、みんなで決めるときのほうが安心できる
- □ ルールやマナー、時間を守らない人にはイライラする
- □ 人との言い争いやケンカは苦手
- □ 友達がケンカしているのを知るだけで、つらい思いになる
- □ 目立たなくても、みんなのためと思うと頑張れる

D

- □ 少しのことでは慌てずに、落ち着いて行動できる
- □ 自分のことよりも友達が気になり、手伝ってあげたくなる
- □ 友達や家族など身近な人を大切にしたいと思う
- □ 親切にしたつもりが伝わってないとつらくなる
- □ 自分の考えより友達の考えに合わせようとしがち

になり、その瞬間に自尊心が生まれます。

心の底から「自分には価値がある」と実感し、「ここにいていいんだ」と感じられるのです。

完璧でなくてもいいという自己受容感も育まれ、これが運命を切り拓くための自己肯定感アップにつながると考えています。

なので運を良くしたい人は、まずは自分の得意技を見つけることからスタートしてみてほしいです。

ここで一度、自己肯定感の6つの基礎を「木」をイメージにして簡単にまとめておきます。

自分が持っている長所や特性、能力、存在自体に意義があると認識することで「**自尊感情**」が生まれ、ありのままの自分を愛し、臆病さや弱さを含めて受け入れることが「**自己受容感**」につながります。

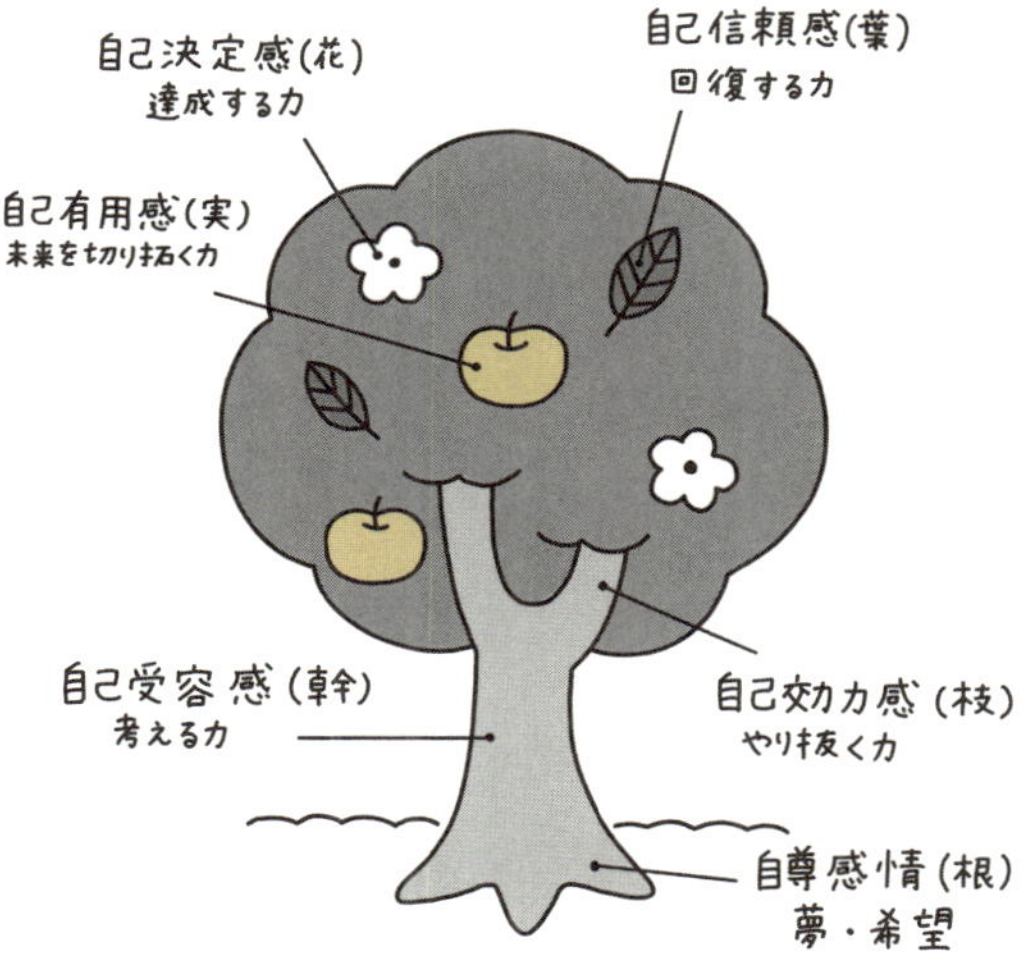

さらに自分にはできると思える**「自己効力感」**、自分を信じられる**「自己信頼感」**が、成功への鍵となります。主体的に人生を自分で決めていく**「自己決定感」**も重要です。

そして自分は何かの役に立っているという**「自己有用感」**を持つことで社会に貢献できるようになります。

こういった**6つの「感」**により**「自己肯定感」が育まれ、自信と勇気が持てるので自立できる**のです。

逆に、自己肯定感が低いと「自分には価値がない」と思いがちになり、価値がないから何をしてもムダだと感じ、自信がなくなり、勇気が出ずに自立できなくなります。そして、相手に完璧を求めすぎてしまい、ついには自分や相手に対して価値を見いだせなくなります。

本当にやりたいことなら人は病まない

1章の最後に、精神性に関することをお伝えします。

「自分が命の動詞を使って何を探究したいのか、何をやりたいのか。それを自分の使命として捉えてみてください」ということ。

私は覚悟、愛や優しさ、そして思いやりといったものを探求したいと考えています。どうしても対人支援的なものを探求したいのです。

クライアントに研究員がいたのですが、当時の研究員の多くは中国やインド出身の方々でした。

彼らは非常に優れた大学を卒業し、さらにレベルの高い大学に留学していたにもかかわらず、競争に敗れて精神を病んでしまうことがありました。

その原因は、本当の探究心が失われていったことにあります。

物理学や生物学、微生物の研究を心の底から楽しいと感じている人は、精神を病みにくいのです。

しかし、そうではなく、自分の地位を守りたい、将来は教授になって安定した生活を送りたいという動機で研究を続けている人、特に親に言われたからという理由で研究を続けている場合には、精神的に追い込まれることが多いのです。

親が研究者であり、自分も研究者になることが当然だと疑いもなく信じてきた子どもたちは、命の使い方が次第に不一致になっていきます。

そうなると自己肯定感を発揮できないため、自信がなくなって、勇気も湧かないので自立できなくなり、本当にやりたいことを探求したり、自分の得意技を見つけたりすることが難しくなっていきます。

また、視点を変えたり、多面的な見方をしたりすることもできず、次第に自尊心や受容感、効力感、信頼感が低下していき、最終的には自己決定の指針を見失ってしまいます。

その結果、**他者への妬みや嫉妬にとらわれ、執着の対象が金銭や承認欲求になってしまうというパターンが見受けられる**のです。

そのため何を探求したいのか、どのような精神性でいるのかという点は非常に重要です。

自己肯定感の究極、それが「不動心」

運を良くするための自己肯定感（自信と勇気と自立）の確立、この精神こそが「不動心」です。

心は本来、動くものですが、それは**どんな状況でも肯定的な側面を見て生きていくという決意**です。

この感覚が不動心を支えます。

予期せぬ出来事や経済的困難、命に関わる病気の宣告を受けたとしても、「まだ1日ある」「ここからリセットしてスタートできる」「悩むからこそ人間のいいところが出る」と考えられることが不動心です。

江戸時代における自己肯定感の高め方として解釈される「慎徳《しんとく》・立腰《りつよう》・克己《こっき》」というものがあります。

自己肯定感とは、どんな状況においても「生きよう」「幸せになろう」「自分には価値がある」「ありのままでいい」「自分で決めれば人生は変わる」「みんなのため、世のためになる」といった自信と勇気と自立の源の感覚です。

この自己肯定感を高めるために必要なのが、「慎徳・立腰・克己」という心のエクササイズです。

慎徳は、一人でも慎み深く生きることを意味します。

たった一人のときでも、私たちは地球の借り物で生きているにすぎない、だからこそ、他人のために行動することが大切であると考え、行動することです。

家に一人でいても、パートナーが疲れて帰ってくるから洗い物をしておこう、という行動がこれに当たります。これは、慎み深く独立して生きる姿勢を養うものであり、大切な心構えです。

立腰は、姿勢を正しくすることを指します。

人間は二足歩行であり、腸が体内にあります。

正しい姿勢で腸を適切な位置に保つことで、ぜん動運動が促進され、栄養補給がスムーズになり、自律神経のバランスが整って成長ホルモンの促進につながります。腰

をピンと張り、姿勢を正すことで健康を維持することができます。

克己は、自己肯定感の中のレジリエンス力、つまり復活力を意味します。

人生には困難がつきものであり、そのときに再び立ち直る力が求められます。

これは、自分に勝つことであり、他人と比べるのではなく、昨日の自分と比べるという考え方です。

健康に気を配り、どんなときでも誰かのために生きることが重要です。

この「慎徳・立腰・克己」を実践するこ

とで、自己肯定感が高まって不動心になり、自信と勇気と自立を手に入れて運を良くすることができるのです。

はるか昔、江戸時代から自己肯定感は大切なものとして扱われていたのかもしれません。

そんな歴史が物語るエクササイズも、ぜひ試してみてほしいです。

この章で説明してきた「命の動詞」を見つけることは、自己肯定感を上げ、運を良くするための基盤となってきます。

命の動詞を意識しながら、2章以降のことに取り組んでいくとすべてが想像以上の効果を上げてくれるはずです。

あなたの真ん中に命の行動を据えて、どんどん運を良くしていってください。

第1章のまとめ

- ホントの得意技を発揮すると自分らしく輝き、運が開ける
- どんな動詞に興味を持つかで得意技は見えてくる
- 職業は手段で、真の目的はそこでどう得意技を発揮するか
- 命の動詞から連想する行動を習慣づける

第2章

では、運のいい あなたを 作っていきましょう

運はあなたにしか良くできない！

これから5秒間、周囲をぐるっと見渡して、「赤い物」が何個あるかを数えてみてください。1、2、3、4、5……ありがとう。はい、では「緑色の物」は何個ありましたか？

こう言われると、目には入っていたはずなのに、緑色の物の数を答えられない人がほとんどのはずです。脳というのは、自分が関心を持ったことにだけ、どんどん意識を寄せていくのです。

だから引っ越しをしようかなと思えば、自然と不動産屋さんが目に入るようになります。もともとあったのに気づいていなかった不動産屋さんが、引っ越しを決めた途端にいっぱい見えてくるのです。

ふと時計を見たときに、時刻が自分の誕生日だった、という経験をしたことがある人も多いのではないでしょうか。一見すごい出来事だと思いがちですが、実はそれは当たり前のこと。自分の誕生日だから印象に強く残るだけで、ほかの時間を見たときには記憶に残っていないだけのことなのです。

とはいえ、脳が関心を向けたことに意識が生まれるということは、たとえば「自分は運がいいんだ」というふうに思ったのなら、運のいい方向に可能性がどんどん開けていくということです。

「運命を切り開ける」と思えば、本当に運命を切り開けるでしょうし、自分で自分のことを「すごい」って言い続けていれば、潜在意識にもそれが届いて、「自分は本当にすごいんだ」と思えるようになります。

「運が悪いな」「運を良くしたいな」という人は、全ては自分の解釈次第で変わるということを知ってください。**自分というものをよく知ったうえで、運を自分で運用できるようになれば、すべてを変えていけます。**

占いでも、悪いことは耳に入れなければいいのです。

いいことだけ聞いて、いい方向に進んでしまえばいいんです。「今年絶対いいことがあります」「いい出会いがあります」と言われて、それを本当のことだと思えたならば、すごくいいこと。

いいことのほうに注目を置くことが運命を切り開くことになるので、反対に「あなたの人生は最悪ですよ」と言われたことに対して、「最悪かも」と思う人は、もっと最悪になっていく可能性があります。

冒頭でも言いましたが「運を良くしたい」と思うことからスタートするのです。

そのためには、まずは**自分の心の中に、いろいろな知識を与えてあげることが大切です。そうすることであなたのセルフイメージが変わってきます。**

セルフイメージをブランディングしよう

セルフイメージとは、自分が自己像をどう描いているかということです。

この自己像には2つの側面があります。

一つは自分が見ているもの、もう一つは自分で作り上げているものです。

自分が想像している未来の姿や目標に基づいて、現在の行動や思考は変わってきます。

10年後にハワイで悠々自適な老後を過ごすことを具体的に想像し、それを実現しようとしている人と、漠然と老人ホームで迷惑をかけずに暮らしたいと考えている人とでは、現在の歩み方がまったく異なります。

セルフイメージとは、それほど人生を大きく変える力を持っているものです。**自分がどのような未来を想像し、それに向かってどのように行動するかが、現在の生き方に大きな影響を与えます。**

セルフイメージの扱い方は非常に重要です。

たとえば占いで10年後について占ってもらったとします。

それから実際に10年後、そこでの未来も占いで決めるのか、それとも一度占いで方向性を決めたら、それに従って自分なりにアレンジして生きていくのかで、セルフイメージは大きく変わります。

この違いが、人生の歩み方に大きな影響を与えるのです。

自己肯定感が低くなると、セルフイメージも崩れていきます。

セルフイメージが悪化すると、ネガティブな方向に進みやすく、具体的な目標を持てず、マイナス思考に陥りがちです。

その結果、何かに依存することもあります。

「自分には価値がない」「未来はうまくいかない」「自信がない」という思考が、さらにセルフイメージを悪化させる悪循環を引き起こし、自信と勇気が低下して自立できなくなってしまいます。


そして自分で意思決定をしても「どうせムダだ」と思ってしまい、最後には「一人で生きていくしかない」と考え、人を助けようともしなくなります。

こうなると、自己肯定感の低さがセルフイメージの低さに直結し、マイナス思考でネガティブな未来を作り出します。

しかし自己肯定感が高まると、「自分には価値がある」「できる」と思えるようになり、セルフイメージが自然と高まります。


セルフイメージを高く持てない、つまり自己像を高く持てないのは、自分がどのように自分を定義づけしているかに関わっています。

これが自己概念です。

「自分はこれくらいの人間だ」「偏差値の低い大学出身だから」といったネガティブな概念を押し付けていると、セルフイメージは低くなり、得意技を発揮することも難しくなります。

しかし、**セルフイメージが高い人は、自分で自己概念を積極的に作り上げることができ、他者の評価に囚われずに生きる力を持っています。**


セルフイメージは、未来に何を思い描くかによって大きく変わります。

私は自己肯定感アカデミーを設立し、対人支援の資格を発行して百年続かせると考えています。

それが具体的な目標であり、そこから私の今の視点や行動が生まれているのです。

たとえば「何億も稼ぐぞ！」とあいまいに考えている人は行動もあいまいで、いつの間にか目標も立ち消えてしまいます。でも、「年間3億稼ぐ」と数字も具体的な目標がある人は、今月は準備する、来月は行動すると建設的に行動ができるのです。

未来を「なんとなく平和に」と考えるだけでは実現は難しいでしょう。

つまりはセルフイメージというのは、運を良くするためにもすごく大事なことなのです。

人生は百点からの加点方式で

世間では、「小さな幸せを継続させることが大きな幸せだ」と言うこともあるようですが、私は人生のどん底にいると思っていたときは「小さな幸せなんか見つけられるのかな」と思っていました。

しかし、落ちるところまで落ちたときに「あれ？　こんなに苦しいとか、つらいって感じること自体が、もしかするとすごいことなのかな」と思うようになったのです。

「苦しいと感じていることが、生きているってことかな」という感覚になり、その経験から思ったことは、やはり「生きているだけで百点満点」だなということ。「生きているだけで百点満点」だと思えば、これまですべて減点方式で考えていたことが、加点方式で考えられるようになり、これ以上落ちることがないという考えになります。

「今日も朝ご飯を食べることができた」「今日も一日生きることができた」と加点方式ですべての物事を考えることができると、小さな幸せを探すこともできるのです。

百点満点から、101点、102点、103点になることを探そうとする、そういう加点的な物事の捉え方がベースでないと、些細なことに気がつきません。毎日歩いている道路だとしても、草が生えてきたことには気づかなかったりするじゃないですか。「今日は草が生えてきた」「1カ月たって草が伸びてきた」とは意識していないと気づけないですよね。

初めは気づかなかったのに、草が伸び切ったときになって「なんで行政はこの草を刈ってくれないの」と、減点方式でいきなり怒りだす人もいるでしょう。バケツに水がぽたぽたと垂れていても、気づくのは水が溢れたとき。それではつまらない人生になってしまいます。

まずは小さな成功体験という幸せを少しずつ感じることです。今日、ほんの少しでも幸せだったことを探せる人は、大きな幸せも探すことができます。

些細なことを大きなことに転換できるという気持ちの切り替えが、運を運用するにはすごく重要です。

自分に新しい習慣を与えましょう

今、私は「仕事を断らない」という取り組みを行っています。

それはどういうことかというと、自分で自分に新しい習慣を与えたいと思ったのです。

お願いされたすべての依頼を、断らないと決めたのです。全部断らず、全部やるということ。

そして自分に限界を設けないということ。

本当にあり得ないぐらいスケジュールを入れて、現時点でそれを10カ月やり続けています。毎日バタバタしていますが、なんだか楽しいんですよ。何かを超えていく感覚があるのです。

目の前の事実は、自分が思い込んだ産物なので、それを変えたくて人体実験を始めたのです。

こういう経験も、運を運用することだと思います。

続けていくうちに「これも超えられるんだ！」という感じになってきました。

自分の限界をどんどん塗り替え、記録更新している状況がすごく楽しい。

人間は、与えられた習慣をそのまま自分の習慣にして、与えられた環境をそのまま

自分の環境にしていく動物です。

つまり自分の親や、住んでいる場所から、習慣が身につくわけで、親が日本語を話せば、子どもも同じように日本語を使います。

お父さんの趣味がゴルフで、いつも一緒にゴルフに連れていってもらうという環境であれば、その子は高確率でゴルフが好きな子になりますよね。

お父さんとお母さんの習慣を、子どもは当たり前のように見るわけです。休日は美術館に行く家族だったら、子どもも美術館に行くような人間になっていく。そういった環境も、知らず知らずのうちに親から受け取っていることになります。

そう考えていくと、**自分に新しい習慣を与えるためには、相当、何か大きな衝撃を与えないといけない。これまでの自分というものを一度ぶち壊さない限り、無理なのです。**

ということで、自分に新しい習慣を与えるためにと、声をかけられたことは全部断らないということを、一度やってみることにしました。

人に与えすぎて損してもいいと思っています。お金も体も何もかも奪われて、大損したという経験をしたら、何か新しい自分が見えてくるのではないかなという期待すらあります。

それにスケジュールを目いっぱい詰め込むと、否が応でも動かないといけません。そういう新しい習慣を生むための環境を自分で自分に与えてあげようと思っています。「生きるのも一度、死ぬのも一度」です。あなたも長い人生の1年間だけと決めてやってみてください。

残りの人生は本当の自分で生きましょう

53歳を過ぎて人生の残りの時間が現実的に見えてきたときに、本当の自分で生きたいなと思ったのです。そして「自分には、もっとできるんじゃないかな」と……。

これはいつも思っていることですが、一人一人に個性があって、一人一人違う特性と役割があるにもかかわらず、全員が同じ行動をしている。これは歯車の一つとして生きているにすぎない気がするのです。

私は小さい頃から、「なぜ全員が土日に学校を休まなくちゃいけないのか」などと考える子どもでした。その疑問はいまだに解けていません。

「なぜみんなは与えられたことに疑問を抱かず、受け入れているんだろうか」と理解できず、ここまで生きてきたのですが、よくよく考えてみると、自分の人生も与えられた環境のままだったのです。そして当然、与えられた習慣のまま生きている自分に「それでいいの？」と感じるようになったのです。

50代になってこういうことを思う人は、あまりいないのかもしれませんが、私はまず「生きる希望」になりたいと思っています。

すごく幸運だなと思うのに、政治家もいたような大きな家で育ったので、小さい頃からいろんな場所に行けたり、いわゆるセレブリティの集いにも参加できたりしたわけです。

しかし紆余曲折を経て、急に何十億円もの借金を背負うことになったり、いきなり土地や何やら自分名義のものが全部なくなったり……ということが起こったので、結局、自分は与えられた環境のまま右往左往して生きてきたんじゃないか、自分の人生は何だったんだろうと思うようになりました。

人生の残りの時間が見えるようになった今こそ、本当の自分を生かしたいのです。周りの人を見ていても、**本当の自分じゃない自分を自分だと思い込んで生きている人は多いです。**そういう人たちも、自分が変わることによって、運命を変えられると思います。

得意技も感情も人それぞれ違うので、いい学校に行っている、いい会社に行っているとか、そんなことはどうでもいいことなのです。

どちらにしても65歳で定年になり看板を下ろすと考えれば、看板を下ろした後に、ずっと看板の話をしても意味がないじゃないですか。

そう考えたら周りの人にも、もっと運命を切り開いてもらいたいなって思ったのです。

これからいけるぞ！　まだまだでしょう！

そんな「生きる希望」になりたいと思います。

たくさん悩み、その自分を見守って

みんな本当にいつでも運を手にすることができると思うのです。

しかし、やはり与えられた習慣で生き、与えられた環境で生き、そのなかで自分で答えを出してしまいますよね。

そうではなく**今までの習慣的には答えの出せないことで、自分を悩ませてあげて、**

答えを出すまで自分を見守ってあげる。そういうふうに自分を大切にしていく作業を繰り返しやってこそ、初めて自分の命の使い方が見えてくるのではないでしょうか。「強運」になれる人というのは、そこだと思いますね。

運命というものを活用することができ、得意技を生かして宿命と使命が合体して、目の前のチャンスにいつも気づくことができるのです。

宿命というのは、その人に宿ったものであり、もう変わらないものです。私たちには変えることが不可能なものです。

人間が「オギャー」と産声を上げる前に、すでに形作られている部分が含まれています。

お母さんのお腹のなかで子どもが育っていく過程で、お腹をぽんぽんと叩くような外交的な子もいれば、あまり動かない内向的な子もいるでしょう。「この子はたくさん動く子なの」とか「この子はおとなしいのよ」と、その子のそれぞれの得意分野が、すでにお母さんの言葉のなかで表現されているのです。

その個性が、やがてその人の得意技になっていきます。

「得意技は何？」と問われたときに、「ジャンプすること」と答える人もいれば、「工作をすること」と答える人もいるように、人間は生まれたときからそれぞれ異なる個性を持っています。

そして、その個性が使命と深くかかわってくるのです。

その使命というのは、人間が身近な人からさまざまな習慣を真似ていく過程で現れてきます。

人間は、一人でご飯を食べられるようになるまでに時間がかかる生き物ですが、その間に言葉を覚えていくのです。

親が使う言語が英語であれば、その子どもも英語を話すようになりますし、日本語であれば日本語を話すようになります。

親が箸を使えば子どもも箸を使うようになり、ナイフとフォークを使えばナイフとフォークを使うようになるでしょう。

それが使命です。

さらに、持って生まれた使命だけでなく、環境によって形成される使命もあると思います。

お父さんやお母さんがいつもネガティブなことを言っていると、その子どももネガティブな感情の使い方を覚えてしまうでしょう。

親がいつも怒っている場合、その子どもも自然と怒りっぽくなることを覚えてしまいます。

逆に、親が楽しいと思うことを大切にしていれば、その子どもも楽しいと感じることが増えるでしょうし、「なんとかなるよ」と前向きに考える親であれば、その子どもも「なんとかなる」と楽観的になるのだと思います。

自己の個性を発揮できる環境のお父さんとお母さんのもとに「オギャー」と生まれるか、逆にまったく違う環境に生まれるかによって、使命の運用方法である運命は大きく変わってきます。

もともと宿した命、その宿命というものにはそれぞれ個性があるにもかかわらず、与えられた習慣や環境によって、人間というものは命の使い方という使命が大きく変わり自分を見失うことがあるのです。

その結果、自己の統合が崩れ、自己不一致に陥ってしまうことがあるのです。

宿命（変えられない宿った命）と使命（命の使い方）を知って立ち向かい、自己を一致させ、命の運用方法、つまり運命を上昇させたり、強くさせる強運の原点になるのが、自己肯定感なのです。

自己肯定感とは「生きよう」「幸せになろう」「自分には価値がある」と思えること

であり、勇気と自信と自立の根源的な感覚です。**最終的には、どんな自己の不一致があったとしても、それを乗り越えて強運にしていく力**です。

たとえば自分にはやりたいことがあるのに、親からはまったく違うことを言われたり、工作が好きなのに「芸術大学ではなく、文学部に行きなさい」と言われたりすると、迷いや混乱が生じ、自分の得意なことがわからなくなってしまうことがあります。

しかし自己肯定感というのは、たとえ運命がどのようなものであっても、それを俯瞰し、受け入れたうえで、「でもやっぱり僕は工作が好きだ」と自分に正直に言える力です。つまり**事実や思い込みを自分の力で肯定的に変えていく力が、運命と自己肯定感の関係性**になります。

したがって**運命は変わらないものではなく、自分の考え方によって実は変わるものだということ**です。

自分の運命を知り、自己肯定感を持って考えることが、自分が持って生まれたものを生かすことにつながるのだと思います。

そして、自分は運がいいと信じているからこそ、目の前の運に気づくことができ、果敢にまた挑戦していけば、運の運用方法が強くなっていくのです。

そのためには自分に新たな習慣を与えることが最適なのです。その具体的な方法として、私はやはり神社仏閣に行くことをおすすめします。

環境が変わることもそうですし、自分に

時間を与えてあげて神社に行ってみる。

その時間も自分で作ってみる。

遠出する時間がないならば、普段は会わないような人と会ってみる。

ほかにも、何かあるごとに「ありがとう」を言葉の後ろにつけることを習慣化するのもおすすめです。


自分に新しい習慣が生まれるように、結果のことは考えず、まずは挑戦している自分を見守ってあげることが大切です。


「できる」とか、「できない」で判断するのではなく、「やる」か、「やらない」で判断し、やってみた先で悩んでみる。

それを繰り返すのは、すごく偉大な行動なのではないのかなと思います。

なぜパワースポットは大切なのか

自己肯定感を高めるためには、ものの見方を変えることが重要であり、そのためには視覚的な体験や場所を変えることも大切です。

私たちが「ものの見方」を変えるには、心にある「ものの見方」を変えるだけでなく、実際に目で見る風景や場所を変えることが非常に重要です。

たとえば最悪なニュースの現場を訪れるのと、静寂な神社で何百年ものあいだ木や花に囲まれた神聖な空間を訪れるとのでは、まったく異なる体験をします。ニュース現場では悲惨な状況や恐怖が広がっている一方、神社では多くの人々が希望を持ち、祈りや願いを捧げています。

パワースポットに行くことは、希望や願い、光を見る場所を訪れることです。そこ

では、子どもの受験の成功や病気の回復を願うなど、自己のためだけでなく他者のためにも祈る気持ちが生まれます。

これにより、個人の思いや願いが大きなエネルギーに変わり、その場に集う人々の祈りが交わることで、心のつながりや安心を感じられるようになるのです。

神社仏閣などの聖地には、こうした祈りや願いが長年にわたって集まり、場所全体が強いエネルギーで満たされています。

その力が心に働きかけ、日常では感じることのできない深い安らぎや癒やしが得られることもあります。

また、自然のなかにあるパワースポット

では、太陽や風、樹木など自然のエネルギーとも触れ合うことができ、体と心がリフレッシュされるでしょう。

パワースポットを訪れることで、内面にある感謝の気持ちや、ポジティブな意識が呼び起こされ、それがさらなる幸運を引き寄せるきっかけとなるのです。

自分を悩ませてあげるという、愛し方

自分を大切にするということは、自分に新しい習慣や正しい環境を与えて、そのなかで悩みながら、答えを出すということ。

その経験によってセルフイメージもどんどん高くなっていきます。

それは先に未来を想像して、答えを出してしまうことではありません。

「ありのままの自分を受け入れて、自分自身を思いやる」という考え方のことを、セ

ルフコンパッションと言いますが、悩んでいる自分を温かい目で見守ってあげることです。

「挑戦していてすごいね」という気持ちで、「悩んでもいいよ」「まったく新しい経験なんだから」と声をかけてあげたり、「本当の自分の答えって何か見つめてごらん」とか「過去の答えは、もう出す必要性ないよ」と伝えてあげたりすることが、一番のセルフコンパッションであり、自分への思いやりです。

「夢を叶えるためには、自分がやりたいと思うことを自由にやればいいんだよ」と言う人もいます。けれど私は、少し変わった人生を歩んできて、大勢の人のセッションをずっとやってきたうえで「それって本当かな」と疑問に思っています。

なんとなく自分がやりたいと思ったとしても、それは親が見せてくれた習慣から生まれている願望かもしれませんし、親から与えられた環境で叶えられることを選んでいる可能性もあるのです。

もちろん、やりたいことをそのままやって、すごくいい結果を生む人もいます。なんとなくやりたいと感じたことをそのままやるのが、本当に自分の個性を発揮させることにつながっている場合もあるのです。

しかし、親から見せられた習慣と与えられた環境で、自分の本来持っている個性を磨いていける人はほとんどいません。

まずは、名詞の「やりたい」を考える前に、あなたの根底に流れている得意技である命の動詞を見つけることが先決です。

その後に自分の生涯にわたって探究したいことは何か、本当にやりたいことは何かをやりながら悩み、見つけていけばいいのです。

何万人もセッションをやっている私の経験での印象から言うと、やりたいことと得意技が一致している人は3000人に1人くらいではないでしょうか。

けれど残りの2999人も、そういうふうになりたいですよね。一致しているほうが楽じゃないですか。

「自分がやりたいこと、ワクワクすることをなんでもやればいいよ」と言われたら、「海外旅行にどんどん行けばいいの？」と思う人もいるかもしれませんよね。けれどその人を成長させ、本当の幸せを感じるようになるためには、海外旅行をすることは違うかもしれません。

「自分のやりたいことや欲望を満たしたい」「自分を大切にしたい」と言ってやってみるものの「やっぱりまた違った」となってしまう。結果的に与えられた環境にまた戻ってきたり、習慣から抜け出せなかったりという場合がほとんどです。

一生懸命その繰り返しばかりしている人は、実は一般的な答えにとらわれています。ですから、もしかすると捉え方を変えれば、違う結果になるんじゃないかなと思うのです。

「楽になること」に目を向けるのではなくて、**自分で自分に少し負荷がかかることを**

与えて、そこで自分を悩ませてあげるということが、実はすごく自分を愛してあげるということじゃないかなって思います。

運を良くするための心の筋トレ

自分に負荷をかけることとしてイメージしやすいのは、筋肉トレーニング。やればやるほど効果があります。筋細胞を伸ばして、縮めて、負荷をかける。心も同じで、伸ばしたり縮めたりしてあげて、その間に負荷をかけていくと、どんどん大きくなっていきます。心と体は同じ仕組みです。

そして、心も体も、小さな成長をきちんと見守ってあげると確実に成長します。毎日の小さな一歩で運命を切り拓くことができるのです。

あとは、やはりいろんなものを自分の目で見ていくということが大切です。

いろんな人と会うとか、いろんな映画を見るとか、いろんな小説を読むとか、いろんな体験を自分にさせること。

洋服もその一つだと思います。いろんな服を着てみるとか、いろんな化粧品を使ってみるとか。

些細なことだとしても、いろんなことに触れていくということはセルフイメージにつながり、運をすごく強くします。

つまり**「自分を大切にする」ということは、自分に優しくするというよりも、未来のために自分に経験を与えて鍛えていくということ。そういう方法のほうが、自分を大切にすることにつながるということを実感しましょう。**

そして、その自分に負荷をかける理由を理解しようと思うこと自体が、自分自身を大切にすることなのです。

たとえば気温が36度だとしたら、日本国内にいると暑いと感じます。けれど一年を通して36度前後の国の人からしたら、それは普通のことになりますよね。

もちろん「暑い場所で無理しなくていいんだよ」「たまには冷房をつけたままにしていいんだよ」と思うのも大事なことでしょう。

けれど、それにプラスして、「自分の価値観だと36度は暑いけど、そういえば南国では36度が普通なのかもしれないよな」と考え、環境問題に目を向け、少しだけ慣れる努力をしてみるのも、自分をすごく大切にしてあげる方法なんじゃないかなと思います。


視野を広くすることは、自己肯定感が高くないとできません。自己肯定感が高い人は、自分をきちんと大切にして、いい方向に向かえます。

少し負荷をかけることで、自分の視野が広がって、これまで大変だった物事が、大変だと感じなくなります。

これができている人は、自分に対してすごく優しいことをしているのです。

本当の意味で自分を愛してあげることは、運を良くする心の筋トレです。筋トレすれば筋肉は決して裏切らずに大きくなるように、自分で自分を愛してあげれば、周囲の人や出来事も自然と愛することができるようになります。そうしてあなたは絶対に運が良くなるのです。

自分の「真ん中」に誠実でいること

人生がすごくうまくいっている人は、自分の得意技を発揮している人です、自分の個性や特性を発揮している人は何をやっても軽快にすぐやる行動ができます。

そして、運がいい人は、発言と行動が一致していて、自然と自分の立てた目標に向かっています。

人生を進めていくと勝手に一致していく場合もあると思いますが、一致していない状態だと苦しいですよね。

一致しているかどうかに気づくことが上手な人と、気づけない人との違いは何かというと、自分と向き合ったり、自分を大切にしたりしているかということなのです。

やはり自分と向き合って、自分を慈しめるかどうかが大切です。

神社にある鏡は、自分の心を映し出すと言われていますが、自分のことをきちんと俯瞰して見ることができて、冷静に向き合える人は物事をいい方向に向ける力があります。

あなたが最後まで好んでやっていることが、得意技です。そこに邪念はないはずです。お金のためにやるのは結構難しいですし、安定のためだけに自分を犠牲にしていくのも生きづらさを感じる毎日になるでしょう。

まず、真正面から自分と向き合うことです。

「苦しいかもしれないけど、やっていていいよ」と言ってあげる。

あるいは「そろそろ違うことをする準備期間に入ったら？」とか、「自分を開拓して新しい仕事を始めてもいいいんじゃない？」と言ってあげるとか。

自分に対して0か100かを極端に決めつけるのではなく、悩んであげる期間を見守ってあげるといいと思います。

自己との対話はすごく大事なので、そのためにも新しい習慣と新しい環境を自分で与えることは大切なのです。

人によってはお金を稼ぐことが得意技だという人もいると思います。しかし、単なるお金儲けで終わってしまうだけの人と、お金儲けが世のため人のためになって充実している人との違いがあります。

そこでお伝えしたいのは「真善美《しんぜんび》」という考え方。

「真」は何かというと、自分の真ん中で一番大事にしていることに誠実かどうかということです。

自分の本当に大事なことに誠実でなければ、自分の人生や行動が他人や社会の期待

に縛られ、自己実現ができなくなります。

自分の中心が誠実でなかったら、社会の奴隷になっているようなものですから、一生後悔することになります。

私がどんなに批判を受けようが何も気にならないのは、行動が誠実かどうかということに向き合っているからです。

自分にとって、生かされた人生のなかで後世に素晴らしい社会を創るために何をしたいかということを明確にしていって、そこに誠実に向かっているか、あるいは悪いことをやっているかどうか、を判断基準にしています。

そこに向かって今、美しく生きているかどうか、を軸にして生きる。

それが真善美ですね。

誠実でなければ欲張ってしまいますよね。

「お金が欲しい」「もっと有名になりたい」と過剰に思ってしまいませんか？　「人か

ら良く見られたい」「嫌われるのは嫌だ」と多くの人が、自分の真ん中ではなく人と比べてしまうのです。

美しく生きられるかというのは、自分の使命、つまり人生としての役割をまっとうできるかということ。

そして自分が笑顔になっていれば、周りも笑顔になり、勝手に運が良くなっている。美しい生き方とは、あるがままを受け入れて誠実に生きる美しさなのです。

チャンスをつかむ勇気と度胸を呼び覚ませ！

自分の役割を知るためには、勇気や度胸が必要です。人生のなかで、自分の役割を見つけ出し、それに取り組むためには、リスクを取ったり、未知の領域に踏み出したりするための強さが求められます。

これらの特質が、自分の役割を明確にし、人生を豊かにしていく助けとなります。

そして勇気と自信と自立そのものが「自己肯定感」というものです。

ものの見方、解釈の方法を肯定的に捉えていくと、勇ましくない気持ちも勇ましくなっていきます。

すべては解釈次第です。

ですから自らの力で自分の思い込みを外すことができるというのも、運の強い人の条件です。

寓話で「サーカスの象」という話があります。

サーカスで生まれた象は、小さい頃から鎖で重りにつながれているので、無邪気にいろいろ遊びたいけど、常に鎖で止められてしまうわけですね。

そうすると自分はそこから遠くには行けないってことがわかる。

でもそれは象の解釈で、思い込みなのです。

実は、象にとってその鎖はその気になればいつでも壊せるような物。

しかしながら、象にとっては鎖につながれていることが日常で、その環境が変わるわけがないと思っているために、サーカスから逃げ出すことができないのです。


人間にたとえると、完全にここから先には動けないというセルフイメージができ上がってしまって、潜在意識でもそう思い込んで、自分に変化の機会自体があるとは考えられなくなっている状態です。

人間は、ほんの些細な出来事から勇気が湧きます。ものの見方や解釈を肯定的に変えるだけで一歩踏み出せるきっかけを手に入れることができるのです。

新しい一歩を踏み出してみるためには、あなたの思い込みを変えるだけでいいのです。


次は「ノミの実験」の話をしましょう。ノミの実験では、ノミが入っているコップの上にガラス板を置きます。

ノミは自分の何百倍もの高さに跳びはねることができるのですが、何度もガラス板に当たっているうちに、ガラス板を外しても跳ばなくなってしまうのです。

次に何をするかというと、ガラス板を外して、何も知らないノミを新しく入れます。

そうすると何も知らない新しいノミは、コップから跳んでいってしまうのです。

それを見て、もう無理だと諦めていたノミも、跳んでいくようになるのです。

つまり、**勇気や自信をつけるためには、勇気や自信のある人のそばに行く。その人の姿勢を見習うことです。**

ですから、メンターを作ることが必要なのです。

今が何歳であっても、自分でメンターを見つけ、行動している人の近くに行くことは非常に重要です。

メンターとは、人生の指導者や助言者のことで、自分の成長や目標達成をサポートしてくれる存在です。

メンターの助言や経験から学びながら、意識や行動、感情を変えることで、より前向きな人生の変化を促進することができます。

そうすれば、勇気と自信は自然と作り直すことができます。メンターの存在はあなたの自己肯定感を高めてくれる存在でもあるのです。

いかがですか？　こうして、環境は自分で作っていくものです。

私たちは**親から環境を渡されてきましたが、自分で自分に新しい環境を渡してあげることも自分を大切にすることになるのです。**

たとえば、人を楽しませることが得意技の人がいます。

多くの人の楽しそうな表情を見ていると、その濃密な時間によって人生がさらに楽しくなりますよね。

いろんな人を楽しませることは、勇気や自信が必要かもしれません。

けれど自分の役割を発揮していれば、余計な意識をせずに、行動できるのです。さらに何をやっても怖くないし、全然寝てなくても疲れない、楽しいとしか感じない。

得意技という命の動詞が明確に発揮できている人は、勇気と自信が湧きあがってくるのです。

自分を大切にするのが苦手な人へ

自分を好きになる、自分を大切にすることは大事です。

そして自分で自分のことを褒めてあげること、自分に何か負荷を与えるってことも大切です。

それから「悩んでいいよ」と見守るということも。

さらに自分を大切にするもう一つの方法として、「人を大切にすること」もおすすめです。


自分をなかなか大切にできない人は、まずは人を大切にすることからやってみると、意外と自分を大切にできるようになるかもしれません。

そのことを「徳」と言います。

自分を愛して褒めてばかりをずっとできる人は少ないですよね。

それでも、自分を褒めてみたり、メンターを作ってみたり、そうやって自分を大切に扱って、自分を好きになろうと思っているけど、なかなかできないという人もいると思います。

哲学者だった二宮尊徳の「自分の最善を他者のために尽くそう」という言葉が、徳の語源です。

自分の最善を、他者に尽くし抜く。それは自己犠牲になると捉える人もいるかもしれません。

しかしそうではなくて、同時に「自分を大切にしていいんだよ」ということでもあります。

自分を大切にすることがうまくできない人は、まずは人のために自分の最善をやってみてください。

そのうえで、**人から「良かった」「ありがとう」と言われることによって、自分の存在価値、自分の尊厳を、もう一回見直すことができるのです。**

「ありがとう」「嬉しいです」と言ってもらえる行動を、相手に期待せずにやっていくことが、自己の最善を尽くし抜くこと。

尽くし抜くということは、ストイックなことではなくて、「相手に見返りを求めない」ということです。

百人にやってみて一人から「ありがとう」と言われればいいのです。「一人いたんだ！」という気持ちになれば、どんな経験も、人生のギフトにありがとう！と思えてきます。

誰かのために生きることを大切にするのは、自分を大切にしていることなのです。

第2章のまとめ

◉想像している未来・目標によって現在の行動や思考が変わる

◉今までの経験では答えの出ないことを習慣にし、悩む自分を見守る

◉パワースポットは、ものの見方を変えるのに最適

◉解釈次第で運は運用できるようになる

◉勇気や自信をつけるためには、勇気や自信のある人のそばに行く

第3章

運に効く
心のおまもり

失敗の数を数えていこう

自分の得意技を発揮できる場を見つけることは、自信と勇気と自立を育むために非常に重要です。

そして人生には表裏一体の側面があり、成功と失敗は切り離せない関係にあることを理解することが大切です。

太極図のように、失敗があるからこそ成功が輝くのです。

太極図とは陰と陽を表現したものです。

失敗はいわば「陰」に当てはまります。物事はすべて陰からスタートし、「陰」がないと「陽」、つまり成功もないのです。そして陽の中にも陰があり、その陰の中にもまた陽があるというわけです。

この考え方を持っている人は、自分に対して強い自信を持てるでしょう。

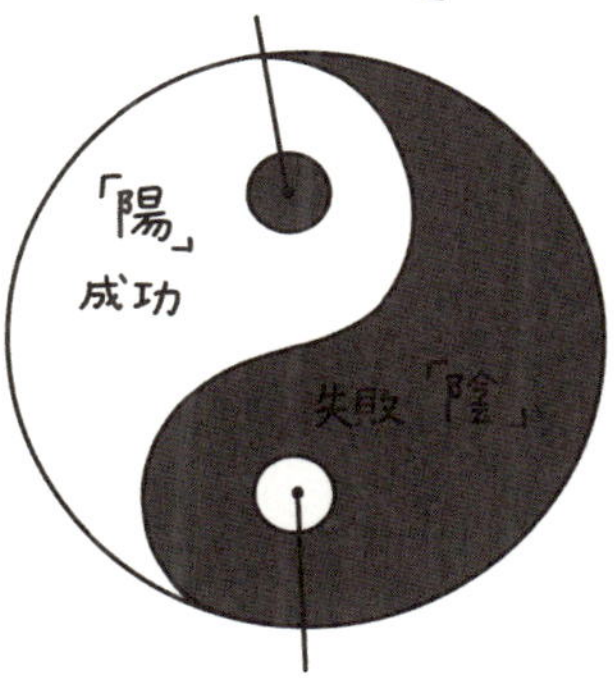
この「陰」の中にも「陽」がある!!
この「陽」の中にも「陰」がある!!

一般的に「成功には失敗がつきもの」と言われますが、私は「失敗が成功を育む」と考えています。

多くの人は**成功にばかり目を向けがちですが、実際には失敗の数を数え、その積み重ねが成功へとつながることを知っておく**と、心が楽になります。

成功を過度に求めると、失敗が恐れの対象になりますが、失敗があるからこそ成功が生まれるのだと理解すれば、未来に対して希望を持つことができます。

私は「自己肯定感基金」を設立するとい

う目標があり、そのために100万部のベストセラーを達成したいと考えています。
これは、ただの夢ではなく、実現に向けた強い意志と計画に基づいています。

また、社会の文化的催眠状態、つまり「土日が休みであるべき」といった固定概念からも解放される必要があると思っています。

社会の枠組みにとらわれず、自分自身の道を切り開く覚悟を持つことが、自信を持つための鍵になるでしょう。

人生は与えられるものではなく、自分自身で創り出すものです。

このように考えることで、自信を持って未来に向かって進むことができるのではないでしょうか。

私は同世代である身として中高年の方に対して「もったいない」と感じるのは、多くの人がその可能性を見逃しているからです。

どん底を経験したからこそ、もっと積極的に夢や時間を作り出していくことが重要だと考えています。

夢や時間は作るものであり、表裏一体の法則を理解すると人生が楽になるでしょう。

たとえば、喜びがあれば悲しみもあり、成功があれば失敗もある。これらは互いに切り離せない関係にあります。

この法則を知ると、自分のなかにある嫉妬心や羨望の気持ちが、実は自分がそうなりたいと望んでいる部分から来ていることに気づくでしょう。

私自身も家族を持ちたかったと思っています。家族の経験がほとんどないからこそ、幸せそうな家族ばかりが目に入り、嫉妬心を感じることがありました。

しかし、それは自分がその状況を望んでいるからこその感情であり、受け入れて認めることで、自分自身を愛し、大切にすることにつながります。

その感情を認めてあげれば、不思議とどうでもよくなってくるものです。

家族が自分にとって本当に必要なのか、それとも私にとって仕事や夢の実現よりも優先されるべきものなのか。

そうしたことと正直に向き合うことで、ムダに引きずることなく、自分に優しく接することができるようになります。「楽」に生きるとは楽しいこともそうですが、心の負担をなくして生きることでも得られます。あなたも世間の目や他人と比べるのは全部やめて軽やかに生きていいのです。それも、運が良くなる秘訣です。

リスクじゃなく可能性にフォーカス

人生において「生きるのも一度、死ぬのも一度」ということ、つまり時間が有限であるということをしっかりと受け止めることは、とても重要だと思います。

そして、**すべては失敗から始まるという前提を理解し、安定を求めることがかえって苦しくなることもあるということを、改めて考える必要があります。**

このような前提をもう一度見直し、当たり前を書き換えることが、真の成長につながるのではないでしょうか。

現状維持は、実際には退化を意味します。世界は常に流動しており、現状維持を試みることは、結局のところ進歩を止めることになります。

だからこそ、前進することが自然であり、常に変化を求める姿勢が重要です。

しかし安定した仕事観や生活バランスを持っており、その状態に満足している人もいるでしょう。

そうした人がこの本を読むと、何かしら動かないといけないというプレッシャーを感じるかもしれません。

転職や新たな挑戦をしないと、自分はダメだと思ってしまうかもしれません。

しかし、リスクを取ることに対する恐れが強く、動かない選択をしている可能性が

あります。

動かないという選択は、結局のところ退化につながり、リスクを避けることで新たな扉を閉ざしてしまうのです。

本当に重要なのは、**リスクを取ることにフォーカスするのではなく、新しい扉を開くことで新鮮な空気が入り込み、新たな可能性が広がること**です。

閉ざされた部屋にとどまるよりも、扉を開けて新しい空気を吸い、新しい環境に飛び込むことが、より豊かな人生をもたらします。

自分の未来を自ら運用し、運命を切り開

いていくことで、自分が本当に求めるものにたどり着く可能性が高まるのです。

停滞するリスクと前進するリスクは、結局のところ同じです。

しかし動かなければ、運を開くチャンスは訪れません。

チャンスの神様は誰にでも微笑む可能性を持っていますが、そのチャンスをつかむためには行動が必要です。

この本を読んでいるみなさんには、**動かない限り長年の運は手に入らないということを伝えたいです。**新しい目標を立て、それに向かって生きていくことこそが、人生を充実させて強運を手に入れる鍵です。

変わりたいならすべてがチャンス

この本を手に取っている方の多くは、現状を変えたい、何か転機が欲しいと感じている方々だと思います。変わりたいという強い気持ちがあるはずです。そのため、この本を通じて、自分の人生に新しい風を吹き込もうとしているのではないでしょうか。

プロローグでお話しした寓話のように、「神様、なぜ助けてくれなかったの？」という気持ちは、リスクを恐れ、チャンスを逃してしまう人たちに共通する自己肯定感（自信と勇気と自立）の低さです。

実際には、目の前に多くのチャンスが訪れているのに、それに気づかず見過ごしてしまう。その結果、運をつかむ機会を逃してしまっているのです。

変わりたいと望む人にとっては、すべてがチャンスであり、いいことばかりではなく、悪いこともまたチャンスとなり得ると捉えることが大切です。

新しい習慣や環境を自分に与え、小さな失敗や苦しみを乗り越えることを見守りながら進むことが、変化への第一歩です。

今までの考え方に固執せず、**時には悩みを抱えたままでもいいと自分に許可を与えること**で、新たな視点が生まれ、運が良くなっていくでしょう。

人生とは必ず揺れ動いています

人生に平穏はありません。

真っすぐに見える水平線も、本当は曲線状になっています。それは地球が丸いから。

たとえ人生が動いていないように見えても、実際には動いている部分があります。

起伏のない人生というものは、絶対に存在しません。目に見えない部分でも、常に何かが進行しており、変化や成長が起きているのです。

人生は必ず揺れ動いているのです。いいときも動いているし、悪いときも動いている。

全体として見れば直線に見えても、近くで見ればジグザグに折れ曲がっているグラフがありますよね。

人生も同様で、上昇しているときも、下降しているときも、よく見ればそのなかで上下変動があるのです。

この概念を人生に取り入れて行動することで、すべてを尊く生きることができるでしょう。

人生に平穏を求めることは絶対に無理。

だからこそ、どうやってより良く生きていこうかと考えると、やはり必要なのは「自己肯定感」になってくるのです。

人生が揺れ動くなかで、どうしたら自分の役割を一番輝かせることができるか、得意技をどれだけ出せるかということを考えていけばいいのです。運の悪いときにも「どうやって得意技を出せばいいんだろう」と考えてみると、意外と運が悪いときのほうが可能性に溢れているものだったりするのです。

人生にフラットはないし、運命にもフラットはない。そういうふうに捉えないといけないということです。

人生はジグザグにしか動いていきませんから。

起きてしまったことを悩むのは時間のムダ、でもこれからできることを考える時間はムダになんかならないのです。だから、1日1ミリでも前に進めば何があっても大丈夫。少し後ろに下がってもいいじゃないですか、また1ミリ前に進めばいいだけです。

運が悪いときはほっておく

私は、運がいいなと思うときには、ものすごく大きな勝負に出ます。悪いなと思うときは、「見ざる聞かざる言わざる」で何も動きません。

つまり自分が今、どの辺りにいるのかというのを見極めながら動いているのです。

運が上向きのときは動くのです。

たとえば、世界の情勢や人口動態などを見ていき、「やっぱりこっちだな」とリサーチをして投資したり行動していく。これはお金やビジネスに関する話だけではありません。人生の流れにおいてもそう動いています。

運が下向きのときや、停滞しているように感じるときは動かずに、引きずられたり引っ張られないように、ほとんど見て見ぬ振りをしてしまいます。

ネガティブな批評があったとしても、受け止めて反省したあとは前を向くだけで、「以上！」と行動します。

なぜなら、そのタイミングは違うことを考えるチャンスだからです。下向きのときは、ほかのことを準備する時間なのです。

占いでは、人生の運気の流れを春夏秋冬でたとえることがあると聞きます。

うまくいく時期があったり、どんどん動く時期があったり、下がっていく時期があったり、それぞれ、そのときに何をどれだけできるか。

東洋の占いは、すべてに「死と再生」という意味が含まれています。なくなって新しいものが生まれるという繰り返し。

西洋の占いは、宇宙が土台で、森羅万象でたとえます。宇宙は「破壊と創造」の象徴です。ビッグバンで破壊されて新しいものが作られる。

死や破壊というネガティブなことも、すべて新しいこと、創造につながっているのです。


運がいい人は、「死と再生」「破壊と創造」を潜在的にも顕在的にも自分の人生に取り込むことが上手な人です。運が悪いときでも、その後に必ず再生・創造となる幸運のときがやってくると考えられるくらい、自己肯定感を高く持って生きているからです。

運を持っている人は、そのタイミングを読む感覚と知性が優れているのです。

だからこそ成功している多くの経営者やスポーツ選手も、指針を得るために占いに行くのです。それは、占いによって決めてもらうのではなく、今後の動きはどうなっていくのかという指針の確認をしたり、今後の方向性の見定めをするのです。

彼らは占いの知識がなくても、その感覚を心でわかっています。

占いの結果を聞いて、「じゃあ今は種まき期だ」とか、「今は何が起こっても行動したほうがいい」と受け入れるのです。

一生安定を求めるのは不可能です。この森羅万象のなかで、絶対に安定はありません。無理なことを求めるというのは、つらいこと。

無理だとわかったうえで、どううまく生きていくかということを自分で考えたほうが楽しいはずです。

苦しんだり悩んだりするのが人間ではなく、苦しんだり悩んだりできるからこそ人間なのです。

悩みは肥やしにするか壊して進むか

どんな人でも悩みます。私のセッションに答えを求めに来る著名な方もたくさんいますし、セッションの申し込みは後を絶ちません。

自分の運命の流れがわかっていても、それでもどうにもならないことが起きます。その状況に陥ったときは、やはり誰かに助けを求めるということです。

たとえば家族や友人との関係で、普段は問題なく過ごしていても、新しいメンバーが増えると意見が合わなかったり、突然トラブルが発生したりすることがあります。

こうした状況は、誰にでも起こり得ることです。

実際にはうまくいっていると感じる時期でも、予期せぬ問題が出てきて、それに対処するのが難しくなることがあります。そのため一人で解決するのが大変になり、助けを求める人も多くいるのです。

そういうときに、まず私は先ほどの太極図を書きます。

「安定を求める必要性はないですよ」ということを伝えます。

パートナーシップもそうですし、子育てもそうですよね。子どもをいい学校に入れたにもかかわらず、いじめがあったとか。人柄的にいいなと思った人を採用しても、実は給与の金額ばかりを気にしていたりとか。

何かの不備は必ず起こるものです。


そして、本当の意味での自分の得意技を出して生きていく、つまり、自分の原点を軸にもう一回考えてもらうのです。そうすると、その出来事は自分に必要なことだと気づくかもしれないし、もしかするとその悩んでいるしがらみを壊してしまって、新しい道にいったほうがいいかもしれないのです。そして、しんどいときは、「焦らず、ゆっくりゆっくり」少しはだらしない生活を送ってもいいというサインでもあります。今まで頑張ったご褒美の休息を与えられた時間が来たと思って、好きなことだけをやる。そういう生活を送るのも、運が良くなる条件ですよ。

運が悪いときの幸せの見つけ方

また、自分の人生は他人の人生とリンクしているという認識を持つことも、運を引き寄せるために重要です。

あみだくじは、偶然と必然が織り成す縮図です。最初はすでに結果が決まっている（＝必然）のに、一本の線（＝偶然）が結果を大きく変えるのです。

人生は必然と偶然が絡み合って進んでいくものです。

行動を起こし、自分のリズムを読みながら、いいときと悪いときをしっかり把握することで、運を引き寄せる力が養われるのです。

悪いことが起きたとき、それをいいことの前兆と捉え、歓迎する気持ちで臨むこと

が大切です。

たとえ**悲しい別れや困難な出来事があっても、それは新しいものが再生されるチャンスです。**

逃げずに受け入れることで、次への前進が可能となります。

破壊と創造、死と再生のリズムを理解し、どん底を経験することで、次に進むためのエネルギーが生まれます。

今、自分が下にいることを理解し、その状態を受け入れることができれば、やがて上昇していく自分にも気づけるようになります。

そうした視点で自分の人生を見つめることが、さらなる成長と運の開花につながるのです。

運が悪いと感じるとき、それをただの不運として捉えるのではなく、「運が良くなる前触れ」として理解することが大切です。

リズムというのはそういうものなのです。

たとえば大きな災害に遭い、苦しい経験をしたとしても、その経験がきっかけで医者や消防士になることを決意した人がいるかもしれません。

災害を通じて自分の命の使い方が明確になったり、新たな道を見つけたりすることができるのです。

そのように苦しい経験をポジティブに捉え、自分にとっての新しい目標や方向性を見つけるきっかけにすることができます。

また旅行中に雨に遭ったとき、その雨だからこそ見られる景色や香りを楽しむことができると考えると、その瞬間が特別で価値のあるものに感じられます。

晴れていたら普通に見られる景色とは違う、雨の中でしか得られない体験を楽しむことができると、運が悪いという感覚が「ラッキー」に変わるかもしれません。

こうした「幸せの見つけ方」をうまく活用することが、人生を前向きに捉える秘訣です。

このような視点を持つことで、運の流れを理解し、次に向かって進む力を得ることができるでしょう。

遠くを見て足元を見る

リモートワークの普及により、会社勤めの人でも自分で時間を作ることが少しずつ可能になってきていると感じますが、それでも忙しい業務のなかで自分の時間を作るのは難しいものです。

そこで一日単位ではなく、長期的なスパンで時間を考えることが重要です。

たとえば子育てに時間を使う場合も、3年や5年といった長期的な視点で時間を作っていくのがいいでしょう。

仕事においても、半年単位で区切りをつけ、自分の時間を作ることを意識すると、より効果的にバランスを取ることができると思います。

「遠く（長期）を見て足元（現在）を見る」という考え方です。

子どもに時間を取られていると感じても、長期的に見ればそれほど大きな問題ではないと考えることで、気持ちが楽になるはずです。

仕事も同様に、負荷のかかり方や時間の使い方をコントロールすることが大切です。

目の前のことだけにとらわれず、長期的に考えることが重要です。

特に子育ては、一定期間で安定していくものですので、小学校に上がるまでなど、期間を区切って考えるといいでしょう。

限られた時間のなかでできることに集中すると、心が楽になると思います。

今と未来を行き来しながら、バランスを自分で取っていく。この「今と未来を見るバランス感覚」こそが、運のいい人の秘訣です。

運が悪い人は、足元ばかり見ていたり、逆に未来の夢ばかり追いかけて現実を見失ったりしています。

すべてが運のいいことにつながる

時間がないなかでも、与えることを続けると、それがやがて自分に返ってくることを知っておくといいでしょう。

たとえば、仕事のなかで半年間、一生懸命に与え続ければ、その後の半年間で何かを与えられる機会が増えるかもしれません。

中途半端に何かをやろうとすることが難しい場合もありますが、ライフワークバランスを保ちながら与え続けることは、バランスが悪くても最終的には自分に返ってくるものがあると考えられます。

すべてが運のいいことにつながるという考え方を持つことも重要です。

何かを奪えば、それに応じて自分も何かを失う可能性がありますが、与えることに焦点を当てることで、結果的に自分にいいことが返ってくるでしょう。

子育ての時間も同様で、子育ては与えることが基本であり、その時間が自分の中に何かを育てるきっかけとなります。

仕事においても、職場で尽くしたことがほかの部分、人間関係やほかの成果として返ってくることがあります。

すべてはつながっており、何かしらの形でその努力や与えたものが自分に戻ってくるのです。

さまざまな出来事があったとしても、それを越えていくことができると感じる瞬間があるかもしれません。

たとえば、大切な人を失ったというつらい経験があったとしても、それを乗り越えて、新しい習慣を自分に与え続けることで、前向きな変化を実感できるでしょう。

これも一つの成長のプロセスであり、最終的には運のいい結果につながると信じ、行動することが大切です。

新しい習慣の結果発表！

私が習慣を変えていった具体例をお話ししましょう。

私のスタッフには、毎朝6時から7時半の間に、自分からポジティブなメッセージを送るようにしています。

365日欠かさずに続けていて、ポジティブなとにかく楽しんでもらえるような格言を毎朝送り続けています。

毎日1メッセージ、思い浮かんだ言葉を送ることを10年以上続けてきました。

その言葉を読むだけで、朝からいい気持ちになることが一日のモチベーションを高めてくれます。

どんなに悔しいことがあっても、その翌日はポジティブな朝のメッセージを書き続けています。

誤字脱字があることもありますが、それも気にせずに、書き上げたらそのまま送っています。

なぜなら読み返すと直したくなってしまうので、あえて見直さずに送ることを心がけているのです。こういった習慣を毎日続けています。

スタッフたちも、この朝のメッセージを楽しみにしてくれているようです。

朝、浮かんできた言葉をそのまま書いて送ることで、自分の心の状態もわかるようになります。

時には、自分がまるで松岡修造のようにエネルギッシュに感じることもあれば、マザー・テレサのように慈愛に満ちた気持ちになることもあります。

自分のメンタリティがその日のメッセージに反映されることで、自分自身を理解するきっかけにもなっています。

このように、日々の習慣が自分にも周りにもポジティブな影響を与えることを実感しています。

会社でチームのリーダーが毎日こういったポジティブなメッセージをチームに向けて送ることは、非常に効果的だと思います。

今の時代、分業が進んでおり、メンバー同士が顔を合わせる機会が少なくなっています。

そんななかで、仕事の内容以外でこういったメッセージが届くと、テキストベースのコミュニケーションが強化され、チームの絆を保つ助けになるでしょう。

そのときに、メッセージに対して返信がなかったらどうしよう、などと心配する必要はありません。

それは自分が正しいと信じて行動し、美しいと思うことを続けるだけで十分だからです。

相手もそれぞれの状況にあり、休みたい日や体調が悪い日もあるでしょう。それを尊重しつつ、ポジティブなメッセージを送ることが大切だと思います。

これは友人同士やパートナーシップ、親子関係においても同様です。

朝忙しいときでも、ＬＩＮＥなどで一言ポジティブなメッセージを送ることは、関係を良好に保つために効果的です。

たとえ「何を言っちゃってんの」と思われても、それが結果的に相手の気分を良くし、関係を改善することにつながります。

現代では、コミュニケーション不足が多くの問題の原因となっています。

悪い出来事が起きたときだけコミュニケーションを取るのではなく、日常的にポジティブなメッセージを送り合うことで、全体の運も良くなると感じています。

テキストを通じて、相手が喜ぶことや自分が喜ぶことを伝える習慣をつけることが、周りの運気を高め、いい関係を築く鍵となるでしょう。

もし負け組と感じてしまうなら

今の時代、勇気と自信が必要だと感じている人はとても多いです。だからこそ、勇気と自信と自立の自己肯定感がこんなにも多くの人たちの会話の中に溶け込んできたのです。

そして、社会の変化や競争が激しくなるなかで、身動きが取れずに苦しんでいる人も増えてきています。

これから勝ち組と負け組の違いがより明確に見えるようになるでしょう。

ＳＮＳなどのメディアを通じて、どのレストランに行き、どんなブランドを身に着け、どこで遊ぶのかといったことが、ますます可視化されていくでしょう。

若い世代が「親ガチャ」という言葉を口にするように、生まれた家庭によって、すでにそうした状況が見えるようになっていますが、この傾向は40～60代にまで広がっていくと思います。

たとえばゴルフに行く人と簡易的なパークゴルフを楽しむ人との違いなど、生活のスタイルによる差が明確になってくるでしょう。

この見える化によって、嫉妬すらできないほどの差を感じる人が増えてくるかもしれません。

特に40～60代の人たちは、社会的な成功や生活の豊かさに対して無力感を覚えることがあるでしょう。

SNSで見える他人の生活との比較から、自分の人生に対する不満が増す可能性があります。

しかし**少しでも負け組と感じてしまう人たちにとって重要なのは、解釈を変えるこ**

とで人生は変わるということです。

他人が海外旅行に行くのを羨むのではなく、自分が楽しんでいる日常に目を向けることが大切です。

パートタイムで働いていて、その生活を満喫できているならば、それが逆転のきっかけになるかもしれません。

歳を重ねたときに、若い頃に感じた社会的な成功が何だったのかと問い直す日が来るかもしれません。

日本でも、幸せの基準が再定義される時代が訪れています。

高齢化が進み、75歳以上が5人に1人、65歳以上が3人に1人という状況では、年金や健康などの問題も含め、勝ち組・負け組と呼ばれる差がさらに広がることが予想されます。

こうした状況の中で、勇気と自信を失ってしまう大人たちが多くなるかもしれません。しかし、そのようなときこそ、**幸せの基準を見直し、自分自身の解釈を肯定的に**

変えることで、真の幸福を見つけられ、絶対に運が良くなるのです。

あなたは、どんなに否定的な人間関係・経済状況・健康状態でも、そのなかから肯定的な側面を見いだすことができます。

もしできないと思ったときは、ニーッと口角を上げながら空を見上げましょう。楽しいから笑うのではありません、笑うから楽しくなり、上を向けば視野が一気に広がります。

あなたは自分で人生を楽しくすることができるのです。

第3章のまとめ

- 失敗の積み重ねが成功へとつながると知っておく
- 挑戦はリスクではなく、可能性の広がりに目を向ける
- 自分から動かないと運は良くならない
- 運が悪いときは「運が良くなる前触れ」と理解する
- 幸せの基準を見直し、解釈を肯定的に変えていく

第4章

開運トラブルシューティング

人生はあなたが創っていくもの

人間が迷うときは、時間軸を気にすることから始まります。

未来という時間に対する不安や心配を考えていくものです。

今が不幸で、本当に未来が幸せになるのか、心配や不安がこのまま続くのかといった、未来の時間に対して思い悩むのです。

しかし、今この瞬間を精いっぱい生きる！　そのことにフォーカスすることが必要です。


また、人間が迷うときは利害のある対人関係を見直すことも重要です。

自分が現在の境遇に至った理由や、未来に向かうために必要な人間関係を理解し、良好に構築していきましょう。

「こうなったのはこれが原因だ」と気づくことや、「この人間関係にとらわれずに未来に進むべきだ」と考えることが、肯定的に生き、運を良くする秘訣です。

占い師に「この日に家を建てるといい」「この人に頼めば病気が治る」といったアドバイスを受けたくなるのは結局、時間軸と因果関係があるからです。

ただし、何かにすがることは心の支えとして大切ですが、それは解消にはなるかもしれませんが、解決にはなりません。

最終的に人生は探すのではなく創るものであり、自分で問題を解決していくことが運命を切り開く鍵となります。

「自分は運がいい」と思うことは、自らの意志によるものです。

「この先生を信じて除霊をすれば運が良くなる」といった形で、運を他者に預けることとは似て非なるものです。

あなたは人生探しをしてませんか？　もうやめにしましょう。人生は探すものではなく自分で創るものですから。

どういう人をメンターにするか

私の考えでは、前述したメンターは一人である必要はなく、複数持つことが有効です。

また、特定の人物を「メンターにしなさい」と押し付けるようなアプローチにも疑問を感じます。

特定の人を神格化すると、その人を超えることが難しくなるため、そのようなアプローチは洗脳に近いと感じてしまいます。

代わりに、歴史に名を刻むような人物たちの人生を参考にし、自分の足りない部分を補うようなメンターを探すことをおすすめします。

たとえば、経営に悩んでいるのであれば、孫正義のマネジメント方法を学ぶことや、家庭の幸福に関して悩んでいるのであれば、幸せな家庭を築いている人をメンターとすることが有益です。

そして**特定の人物の生き方をそのまま模倣するのではなく、ポジションや状況に応じてメンターを代えることが、より実践的で効果的なメンター選びの方法**です。

また、タレントやYouTuberも立派なメンターとして選択肢に入ります。「歌をやりたいから優里さんを目指す」や「海外でコンサートを開くためにAdoさんを目指す」といった形で、特定の人そのものを模倣するのではなく、「この人のどの部分を真似したいか」という視点でメンターを選ぶことも有効です。

こうしたアプローチは、**自分の目標に合った具体的な方法や行動を学ぶのに役立ちます。**

運がいい人は音楽の使い方も上手

運がいい人は音楽の使い方も上手だと考えています。

テンションが上がる曲で気分を高めたり、泣きたいときには泣ける歌を歌ったりすることが、心の状態を整える手助けになります。

私は酒販店の経営もしているため、スナックなどの場所を回ることがありましたが、芸者さんがいるクラブで年配のおじいちゃんが、曲に浸って泣きながら歌っていたりするのです。

きっと心の栄養をつかみに通っているというか、ただ泣いているのではなくて自己受容をしっかりしているのではないのかなと感じました。

自己受容を深めるための気分転換は、運を引き寄せる助けになるのです。音楽は、心の中に入ってくると同時に、すでに心の中に存在するものを表にさらけ出してくれるのです。

そして、自分の中にあった感情に気づかせてくれます。音楽によって人間は感情を覚醒させ再生します。運がいい人は音楽や芸術を愛しているのです。

「許すこと」が運を良くする方法の一つ

健康やお金、人間関係でうまくいっている人は、あまり人を憎みません。というよりも、他人を憎むことが自分自身を醜くすることを知っているのです。そのことを理解しているため、自分を許し、他人を許すことができるのだと思います。

自分が醜くならないためにも、許すことが運を良くする運用方法の一つだと考えるのです。

人を憎むことには何の得もありません。

憎むことによって自分の心が疲れ、相手の感情を増長させることになる。

また、憎んで戦って勝ったとしても成果はほとんど得られない。

むしろ**人を許すことにこそ大きな価値があり、それが人間の成長につながると考えます。**

ライバルに負けたと潔く認めたときに、初めて次にどうやって勝つかを考えることができる。

つまり本当に勝ちたいなら負けを認めることが重要であり、負けを認めない限り、次の勝利は決して訪れないのです。

そしてそのことが「なんとか次は絶対勝ってやる」という気持ちにもつながります。

たとえばお金持ちの友達に対して羨ましさを感じることから、憎しみを抱く人がいます。

しかし人生の幸せの価値はお金にあるのではなくて、人生を快適に過ごすために必要な価値としてお金があるのです。

自分には莫大なお金はないけど、些細なことを喜べる豊かさがあると思えたら十分幸せです。

私自身、たくさんの挑戦をしていると、さまざまな人と関わるのですが、「この人と関わっている時間がムダ」だと思うことがたまにあります。

自分の目標設定に必要な人であれば、落ち込んで悩むこともありますが、そうでないならば、その人のことを早く忘れる練習をしています。

まさに「もうやーめた」という感じで、あえてもう考えないようにします。その人は初めからいなかった！　という気持ちで新しい人生を創りましょう。

人間関係を感情でうまくコントロールできれば、基本的にはいろんなことが自分のなかでうまく咀嚼《そしゃく》できるようになり人間関係を良くすることができます。

人間関係の原則とは自分との関係性です。

自分との関係性がいい人は人間関係もいいし、人間関係がいい人は、助け合う関係性も上手です。

「負けるが勝ち」というパターンが人生には多くあります。

だからこそ、相手を勝たせることを覚えました。

「どうぞ、勝ってください」という感じです。対抗することもしません。

負けるという選択肢を自分で選んでいるので、相手が「勝った」と喜んでいても、それは自分の計画通り。

「相手が勝った、悔しい！」ではなく、「相手が勝った、予定通り！」と思えるようになりました。

「許す」という行為は非常に大切で崇高なものだと考えています。

相手を許すという行為は、自分の価値や存在を肯定する力につながり、自己理解と自己受容に結びつくからです。

相手を許すことで、自分自身も完全ではなく、間違いや弱さを持っていることを認識します。

そして、その**欠点や不完全さを受け入れることで、自分に対しても「価値がある」と認めることができるようになります。このプロセスを通じて、自分の価値や存在を**

私の目線

肯定する力が育まれるのです。

さらに、相手に対して「価値がある」と許すことで、人間関係がより豊かになり、自分が他者に対しても影響力を持つ存在であることを実感します。

これが自己肯定感を高め、自分の価値や存在をより強く感じることにつながります。

つまり**他者を許すことは、最終的に自分を許し、自分の価値を認める力となる**のです。

「至らない」と思えること

そもそも私は、自分には実力がないと思っているのですが、強いて言えば「まだまだ至らないな」と思えることが実力だと思っています。

茨城県に鹿島神宮という神社があります。伊勢神宮と対になっている由緒ある神社なのですが、以前参拝したとき、光栄なことに宮司さんが朝早くから案内してくれたのです。冬の朝だったので、まだ暗い時間でした。

その宮司さんは位の高い役割の方でしたが、必ず「至らない」という言葉を使うのです。

説明するときに「私が言うのもなんだけども、この社《やしろ》は……」とか、会話のなかでも「至らない私が言うのもなんだけど」とか。

そこで私は「あっ、これは人生を発展成長させる上でとても有意義なことだ」と思いました。

私は、いつも自分のことを「まだ足りない」と思っていたのですが、もしかすると、その先を行く「至らない」という感覚・感情・思いが謙虚さを生み出し、自分の人生やビジネスのなかで本当に足りない点と向き合い、これから正しい努力をする出発地点へと導いてくれると思ったのです。

そこで、もっともっと自分は「至らない」と思うようにしよう、と心がけ始めました。

ですから、本当のその人の実力というのは「自分には実力がない」と思える力なのです。哲学者ソクラテスは「無知の知」と言いましたが、「私は至らない」、これを潔く受け入れることは結構難しいことです。

大抵の人は自分にも少しは実力があると思いたいところを、少しもないと潔く受け入れる。つまり足りない自分をきちんとわきまえる、足りないことを知っている自分、これをしっかりと受け入れるということが、次へのステップを生み出し、未来の原動力となっていくのです。

誰でも強みもあれば弱みもあります。私は何かを自分で決めてやり遂げる力がありますから、自分のいいところは、もちろんしっかり受け取りましょう。

けれど弱みもあるのです。

自分の強みと弱みを、きちんとわきまえることは運がいい人に共通していることです。

そして、運がいい人は悪いことを聞いても「自分には至らないところがあるからな！」と思うことができます。うまくいかないことがあれば「今回のことは、成功するに至らない努力だったな！」と思うことができます。

そして、その至らなさを克服しようとすることで、初めて素晴らしい未来が待っていると知っているのです。

だからこそ、「うまくいっているな」と思っても、調子に乗ることもなく、その陰の部分も陽に変えて、きちんと乗り越えていくことができる。

つまり、至らない生き方とは、前述の太極図のような生き方を目指すということです。そして、運のいい人はその生き方を実践できているのです。

夢を見るのではなく、夢の中で生きる

夢はただ見るものではなく、夢の中で生きるものだと私は伝えています。

夢を実現するためには、実際にその夢の中で生活する感覚が必要不可欠なのです。

思いとイメージが対立した場合、イメージのほうが強くなるので、夢の中で生きているいることにフォーカスすると、その夢に向かう感情や思考、行動が自然に生まれてくるでしょう。

さらに大切なのは、脳の分業体制を理解することです。

左脳は論理的で時間認識に関わり、右脳は感性や空間的な認識を担当しています。**私たちが運がいいと感じる人は、右脳的な感覚、つまり直感に従う能力や未来のイメージを強く持っている傾向があります。**

一方で、左脳的な思考はリスク管理などに役立ちます。右脳を鍛え、自己肯定感を高めることで、夢の実現に向けた非認知能力を向上させることができるでしょう。

未来に対して夢を持ち、それを現実的に考えたときに「無理だよ、○○大学なんて志望者の何%しか行けない」といった現実的な制約にとらわれがちですが、そうではなく「自分はそこでやっていくんだ」という強い気持ちを持つことが非常に大切なのです。

サントリーという企業には「やってみなはれ。やらなわかりまへんで」という精神があります。実に簡潔で明快な言葉です。

挑戦することの大切さ、いくら頭の中で考えていても実際に行動を起さないと何事も実現することはできないという教えです。頭の中でいくら考えても実際にやってみなければ答えの出ないものが多いのです。

運が悪い人が陥りやすいのは、まず頭の中で考えて答えを導き出そうとします。そうすると「難しい」とか「できない」とネガティブな考えで腰が引けてしまい、行動に移すことができなくなる。

いつの時代にあっても、運がいい人は常に挑戦し続ける人であるのは間違いないのです。なぜなら、一度で成功することはまずあり得ないし、成功の裏にはたくさんの失敗はつきものだから。言い換えると、運がいい人になるためにはもっと多くの失敗が必要ということ。

「至らない私」なのだからこそ「やってみなはれ」という精神を胸に刻んで、積極的に行動していける、その連続で運がいい人になっていくのです。

右脳を鍛えれば自己肯定感は上がる

これからの時代を生き抜くためには認知能力と非認知能力のバランスが重要です。自己肯定感が低下すると、論理的な思考に偏り行動に移せなくなります。

たとえば、心理系の本や自己啓発系の本を読む際、ソースやエビデンスなどの知識を得ることのみで自己満足するのもいいですが、それを超えて「自分が実際に生活の中で本当に実践できるか」を問い、行動に落とし込むことも大切です。

事実を正確に理解することは前提として重要ですが、その後に自分の感覚や感情を大切にし、創造的に考えることが、非認知能力を活かすポイントです。

ソース元やエビデンスを基に「何を感じるのか」、そして「どう創意工夫するか」「実際にどのように使うか」を考えることが、右脳を鍛え自己肯定感を高める鍵となります。

自己肯定感が上がるとジュースがペットボトルに半分しかないと捉えるか、半分も残っていると捉えるかだけでなく、たとえばそのジュースの原液にソーダ水を加えるという発想を持つことができます。半分残った状態を「まだ半分もある」と捉え、その空いた空間で何をしようかと前向きに考えられます。

これは創意工夫の能力であり、右脳が発想や創造を生み出す役割を果たします。

一方、左脳的な人は「500ミリリットルのペットボトル半分だから250ミリリットル残っているな」といった具体的な数値や事実に注目します。

自己肯定感が低い人は、指示されたことに従うだけで、創意工夫をする余地が少ないのかもしれません。

発想や創造の力は、人間にとって非常に重要です。

左脳が論理やエビデンスを基に物事を構築することは大切ですが、そのエビデンスやソースを最初に作った人の発想も、そもそもは直感から始まっているのです。

直感で「これを見てみたい」と感じたからこそ、エビデンスが生まれたわけです。

つまり右脳を鍛え、発想や創造の力を育てることが、直感や新しいアイデアを生み出すために非常に重要だということです。

多くの人は「半分しかない」か「半分もある」かのどちらかの発想にとどまってし

まいがちです。

心理学でも「半分しか」や「半分も」で話が終わることが多いですが、これは概念に縛られているためです。

残った部分で何をしようかと考える力こそが、自己肯定感を高めるための右脳トレーニングです。

自己肯定感が高い人は、発想や創造の力がとても強く、おのずと運を開く力も強く、さまざまなことに挑戦することができます。

その挑戦でも、前向きに物事に取り組む姿勢が生まれ、それが結果的に成功や幸運につながるのです。

運のために時間を支配する

現在、私は時間を自分で作ることを実践しています。今年からこの取り組みを始めて、時間の大切さをより一層感じるようになりました。また、マルチタスクが楽しさを増していることも実感しています。

自分で時間を決めて進めることには、何より自己決定の楽しさがあります。

私はもうGoogleカレンダーを使っていません。

使うと、その予定通りにしなければならないという強迫観念にとらわれてしまうので、時間に支配されないようにしています。

会社員の方が時間を管理したい場合、会社以外の時間をどれだけ自分でコントロールできるかが鍵になります。

土日はもちろん、平日の仕事が終わった後の時間をどう使うかによって、人生の質が変わります。

会社の時間は変えられませんが、自由な時間をどう使うかが重要です。

平日の仕事後や土日の時間を、自分の予定で充実させ、その時間を楽しみにするのがいいでしょう。時間を上手に使うことで、運にも影響が出てきます。

前述しましたが、失敗があってこそ成功があるのです。

この時間でどれだけ失敗できるかを考えるのも楽しみの一つです。

偶然と必然がありますが、行動をたくさん起こすことで偶然が訪れます。

たくさん行動することで、いいことが起こる確率が高まるのです。

つまり**行動回数を増やすことで運が良くなり、成功の確率が上がるということです。自分で時間をコントロールすることが何よりも重要です。**

運をうまく運用するには、時間の自己管理が欠かせません。

時間をコントロールしてわかったこと

時間を自分でコントロールすることで、私は人を大切にできるようになりました。自分の時間を大切に思えば、自然と相手の時間も大切に思えるようになります。その結果、ムダに過ごす時間や先延ばしをすることが少なくなりました。

「寝ずに頑張る」というような極端なことにもなりません。時にはそういうこともありますが、自分でその時間をコントロールしているから楽しめます。

「今は寝ないで頑張る時期だ」と思えば寝ずに頑張り、「今は休む時期だ」と思えばしっかり休むことができます。

人生は平坦な道ではないので、同じルーティンを繰り返すだけの人生では、活力を失ってしまうでしょう。

決まった時間に出社して、決まった時間に帰るという生活も、そろそろ終わりにしてもいいのではないでしょうか。

気を抜くとルーティンの生活になってしまうからこそ、新しい習慣を自分に与えることが非常に重要です。

その習慣が自分の夢につながっていると、人生が意欲満載になりイキイキしていくので、さらにいいですね。そして、夢につながらないことは極力避けるべきだと思います。

私の周りには、夢を持っている人が多いです。彼らは周囲との時間を大切にしながら、夢を追いかけています。

多くの人が個人事業主としての成功を目指しており、自分の力で生きていきたいと考えています。それに関連して、資金集めや人脈作りに励む人も多くいます。

時間がないのだけれど、時間を自分の人生に使っているので疲れていないのです。

運がいい人の特徴は忙しくても疲れない人、つまり、自分の時間も自分の人生も切り拓いて、主体的に生きている人なのです。

行動のスピードと回数がものをいう

まだ自分の得意技（命の動詞／個性）が見つかっていない場合は、何か見つかるまで行動してみることが大切です。それが、前回とは違う命の動詞になり、新たな得意技になるかもしれません。

とにかく行動の数が鍵となります。何がやりたいか明確でなくても、たとえば給料が高い職場や福利厚生が充実している職場を選ぶよりも、「この人と会ったら楽しいかもしれない」という、あなたの直感に従って行動することが重要です。

直感に強い右脳を鍛えるには、第一印象を大切にし続けることです。最初に決めたことを実行する勇気を持つことが大切です。

とにかく急いでみる。

場の雰囲気に乗って行動してみる。

そうすると、右脳が刺激されます。

チェスの名人が唱えた「ファーストチェス理論」によれば、5秒で考えた打ち手と30分熟考した打ち手は、86%は同じと言われています。したがって、素早く決断し、潔く失敗し、潔く成功することが最も効果的ということです。

「初志貫徹」という言葉は大切ですが、それが意固地や頑固になってしまっているとしたら、考え直す必要があるかもしれません。それよりも直感で迅速に軽快に動くことがシンプルで効果的です。

いい運をつかむためには、スピード感と行動の数が重要です。特にＳＮＳやＡＩの進化が早い現代においてはタイミングが速い人にチャンスがたくさん訪れています。

悩む時間があったら失敗してもいいからやってみる。これも運がいい人の特徴です。

身近な人には相談しない

他人が失敗しているのを見て、自分も失敗しそうで諦めてしまう人がいます。

しかし、私はそういう場合に、基本的に他人の失敗でやめたり、ことさら強く気にしたりはしません。自分とその人の強みや弱みはまったく違うからです。だから、あえて意識的に余計な情報を入れないようにしています。

特に自己表現の手段として本を書く際には、一切他人の意見や行動や類書を見ないようにしています。これは、ビジネスの競合分析とは異なり、自己表現には他人の影響を受けるべきではないと考えているからです。

「そんなことやめておいたほうがいい」「無謀だからやめておけ」と言う人がいるか

もしれませんが、私はそういう声に耳を傾けません。

ただし、実績のある年配の方の意見を積極的に聞きます。

なぜなら、多くの場合、**自分の周りにいる人たちは自分と同じレベルの経験や知識を持っているので、彼らのアドバイスを聞いても、結局は同じ失敗を繰り返すことになりがちです。**

ですから私は常に実績のある人の意見に耳を傾け、その人たちから学ぶようにしています。

夫婦での議論や、同年代の人たちとの相談も、あまり意味がないと思います。

同じレベルの意識では、結局のところ批判や慰め合いに終始し、根本的な問題解決には至りません。

ですからスケールの大きな人から、スケールの大きな答えをもらうことが重要だと考えています。

臨床の現場でも、よく「先生にはこう言われましたが、友達はこう言っていました。どうすればいいですか？」と尋ねられることがあります。

友達は価値観を共有できる存在ですが、運命を切り拓くための導きを与えてくれる存在ではありません。

だからこそ人生の重要な選択に関しては、しっかりと指針を示してくれる実績のある人に相談すべきだと思います。

「夫がこう言った」「家族がこう言った」という理由で人生を決める人も多いですが、それはもったいないことだと思います。

家族や友達との共有は思い出や日々の楽しみのために使うべきであり、人生の重要な決断には、より経験豊富な人からのアドバイスを求めるべきです。

身近な人だからこそ、つい相談してしまいがちですが、そうしたほうがいいとは限らないのです。

周囲に相談できる年配の方がいない場合は一人で考えるほうが賢明です。

それが難しいなら、音楽を聴いて歌詞に共感したり、テーマに合った本を読んだり、Ｎｅｔｆｌｉｘのドラマに影響を受けたりしながら、自分自身で答えを見つける力を養うことが重要です。

意識場はリンクするものです。

意識場とは、簡単に言えば目に見えない「心の空間」のようなもので、他者と交流したり、感情を交わしたりするときに、互いの意識が重なり合い、影響し合うエリアと考えられます。

たとえば誰かと話していて「この人とは気が合う」と感じたり、反対に「話すと疲れる」と思ったりすることがありますよね。それは、あなたと相手の「意識場」が同調しているか、反発し合っているためです。

要するに意識場は「自分の意識が他者とつながり合う見えないフィールド」と捉え

ると理解しやすいでしょう。

誰かに相談すれば、その人の人生と自分の人生がリンクしてしまうことがあります。

だからこそ**自分より運のいい人に相談することが大事で、意識場を高めるためにも、そうした人たちと関わる場を意識的に選ばなければならないと思います。**

身近なパートナーや友人に相談しても、共感や慰めは得られるかもしれませんが、解決策を見つけることは難しいかもしれません。

人生を創るには、幅広い人々とのつながりや協力が必要です。

いろんな場に足を運び、さまざまな人々と交流することで、新たな視点や運を引き寄せることができるでしょう。

自分よりも意識レベルの高い人に相談したり話を聞いたりすることは、運がいい人になる条件です。

社交性がなくても大丈夫？

社交性がなく、人見知りだったり、出不精だったりする人にとって、社交の場に出るのは確かに大変です。

私自身も人の集まりが苦手で、そこに行かなくて済む方法をいつも考えています（笑）。

ただ、集まりに参加しない代わりに、どのように人間関係を築けるかを考えることが大切です。

行かないと決めたとしても、「行くことと同等のやれること」を模索することが重要だと思っています。

たとえば、行かないことで得られなかった出会いを補うために、ほかの場面で新しい出会いを探したり、より有意義な場に参加したりすることも一つの方法です。

社交的であることは確かに必要かもしれませんが、自分にとって無理のない方法で行動することが大切です。


私は自己顕示欲の強い人が集まる場所は苦手ですが、実業家の集まりは地に足のついた具体的な話ができるので好きです。

自分の心地よい世界を知っておくこと、自分に無理を強いないことが重要です。


新しいコミュニティや集まりにチャレンジすることも大切ですが、自分に合わないと感じたら無理して参加する必要はないのです。

時間は有限で、人生も有限です。

だからこそ、誰もが自分の運命を決定する権利を持っており、明日を生きられる保証はないと思いながら生きることが重要です。

過去にとらわれず、自分の心に向き合い、未来を見据えてやりたいことに集中することで、人生の方向性が決まっていくのです。

そのためには、やはり得意技を見つけることが大切です。その得意技を知り深めることで、物事の本質を理解しやすくなり、より豊かな人生を送る手助けとなります。新たなきっかけが生まれる可能性も広がります。そして、新しい出会いが生まれ、より豊かな人生を拓くための重要な要素となります。

いつまでも本気になれない人は

時間を作ろうという心構えはあるものの、人間というものはどうしても甘えてしまいがちです。たとえば仕事が終わった後に何か新しいチャレンジをしようと考えていても、家に帰ると疲れたままご飯を食べて、ついダラダラ過ごしてしまう人は多いのではないでしょうか。

その脱出法としては、**自分がどれだけ自分の人生を創り上げたいか、寝ているだけでいいのか、自分に問いかけてみることが大切です。**

もし、やらなければならないことがあると決めたなら、ストイックに取り組むといいでしょう。

一方で休むことが重要だと感じたならば、思い切って休むことも大切です。

中途半端にやると、ついダラダラしてしまうことがあります。

「ちょっと座っている時間」を「ちょっと動く時間」に変えてみるとか、「ちょっとなまけている時間」を「有意義な時間」に変えてみるといった、イメージの編集作業が有効です。

自分が本当に頑張りたい時期だと決めたら、全力で頑張り、一方で休む時期だと感じたら、徹底的に休むことが、生活にメリハリが出て自分の目標達成につながります。

自分の人生についても目標や納期を決め、その達成に向けて具体的に行動することが重要です。

たとえばビルの建設では、着工から完成までの明確なスケジュールが設定されます。納期が決まっているため、その日に向けて計画を立て、各工程が順調に進むように管理されます。

これと同じように人生でも目標を設定し、その達成に向けて計画的に行動することが、成果につながるのです。

もし納期に間に合いそうにないと感じたら、助けてくれる人を見つけてサポートを受けるか、自分でしっかりと取り組むと決めて突貫工事のように努力するだけです。

「時間を作る習慣」は、一朝一夕には身につかないものです。

私も初めはうまく習慣化できませんでした。

しかし、私の場合はお金を返さなければならないという繰り返しの状況があったため、そのことだけは続けることができました。

この経験から、時間を作る習慣化のハードルが低かったのかもしれません。

他人との約束も大事ですが、それ以上に**自分との関係を強化することを軽んじている人が多いように感じます。**

本当の強さは、自分自身をきちんと褒めてあげること、そして自分が決めたことを守ることにあると思います。

「自分を大切にする」という言葉の意図を誤解してしまう人も多いです。
これは自分の我欲を満たすためではなく、自己表現を満たすためのものです。
つまり**時間が何のために、誰のためにあるのかを考え、自己の充実感や満足感を得るために、自分を大切にすることが重要です。**
それは**単なる自己愛ではなく、自己充実感を追求することです。**

自分を表現することは、表現を仕事にしていない人にとっても非常に重要です。

人生はまるで白いキャンバスに自分で絵を描いていく作業のようなもので、**一つの**

「自分」という作品をどう表現するかは、非常に大切なことです。

自分探しを延々と続けるだけでは、素晴らしい作品にはなりません。

人生の使命を見つけることが大切です。

それは自分の命をどう使っていくかという問いに答えることです。


まず自分が「何のために」生きるのか、そして「誰の役に立つために」生きるのかを見つけることが重要です。

行動の根底にある「なぜ」を明確にすることで、強い意欲と目的意識を持って行動できるようになるという考え方です。

その方向に向かって人生を楽しんだり、頑張ったり、笑ったり、時には泣いたりする姿が、周りの人々にも幸福をもたらすでしょう。

運のいい人は見た目にもわかる

オーラという言葉がありますが、オーラは、単に視覚的なものだけでなく、その人の内面が外見やエネルギーとして表れるものです。

内面の強さや自信が、肌ツヤや髪ツヤといった外見に表れることが多いですし、そのエネルギーが周りにも影響を与えると思います。

芸能人や影響力のある人たちのなかには、見た目だけでなく、存在感やオーラが特に強い人がいます。

これには外見的な美しさだけでなく、内面的なエネルギーや自己表現が反映されているのです。

見られることに特化している職業の人たちは、そのための訓練や意識が特別で、そうした外見やエネルギーが際立っていることがあります。

外見が運に影響を与えるという考え方もあります。**肌の手入れをしっかり行うことは、自信につながりますし、自分の顔に触れることで自己愛や自信を育むことができます。**

メイクをして自分の外見に気を使うことが自信につながり、ふとしたときにメイクをしているかどうかで対応が変わるという面もあります。

メイクや肌の手入れは、単なる外見の問題だけでなく、内面的な自信やエネルギーに大きく関わっていると言えるでしょう。

もし乾燥で困っている場合は、まずは保湿などの基本的なケアを始めることをおすすめします。

運が良くなり、見た目もいきいきするなんて、とっても得だと思いませんか？　運がいい人は肌ツヤや髪ツヤがいいのです。

第4章のまとめ

- 状況に応じてメンターを代えると効果的
- 他者を「許す」ことは、自分の価値を認める力になる
- 運がいい人は右脳的な感覚を強く持っている傾向がある
- 行動回数を増やすことで、運が良くなり成功の確率が上がる
- 相談は自分よりも運がいい人にする
- 時間を征して、「自分」という作品を表現するかが大切

第5章

運の強敵「お金」に勝つ！

運は遺伝、伝染する

ここまでお伝えしてきたように、自己肯定感の高い人を中心に、周囲の人々も次第にポジティブな影響を受けていきます。

最後の章では、前半で「運が遺伝する」「周囲に伝播《でんぱ》する」という点について、また後半では運を良くする際に大きな障害となる「お金」との関係について詳しく説明します。

運の遺伝・伝播について具体的には、周りの人たちもその人のいいところを見習うようになり、自分のいいところを見つける力が増していきます。

ポジティブな物事の見方が伝染し、ポジティブな解釈が広がっていくのです。

ポジティブな解釈をどんどん広げていくことで、最終的には運が強くなり、強運を引き寄せるようになります。

そしてその輪が広がり、周囲にもいい影響を与えるのです。

ですから**自分が運のいい方向で生きることで、周囲の人々にも運がいい人生を創る影響を与えることができます。**

自己肯定の口癖として「運がいい」「できる」「大丈夫」といったポジティブな言葉を使うことは、簡単にできる一例です。

このように、自分自身が運の良さを信じ、自己肯定感を高めることで、周囲の人々にもそのいい影響が伝わっていくのです。

それだけでも、自分の存在価値を強く感じられませんか。

仮に周囲の人が必ずしもその影響を受けていない場合でも、自分自身が運がいいと信じることで、周囲の人々の運が良く見えてくるのです。

明るい人の周りにいると、自分も自然と明るく見られることが多いです。

そうすると、「周囲が明るいから、自分も明るい」と思い込むことができます。

もし自分の身内や近しい人が苦しい状況にあったとしたら、そのときはその人のいいところを見つけてあげることが大切です。

苦しいときにこそ、その人のポジティブな側面やいい点を見つけることで、少しでもその人の気持ちを軽くする手助けになります。

まずはあなたから、笑顔になる、微笑んでみる。それだけで、あなたにいい運が転がり込んできます。

動き出さなければ運は伝染しない

運というものは自分自身で作り出せるものであり、他者に依存しているだけでは実際には作ることができません。

運を引き寄せるためには、自分の意志で積極的に行動し、運がいいと信じることが必要です。単にその場にいるだけでは運が動き出すことはなく、自分から意識的に動かなければなりません。

たとえば強運で自己肯定感の高い友人と話すことで、その人のポジティブなマインドや考え方に触れるのはいいスタートです。

しかし、これを始まりとして、自分自身で運を切り拓くための行動を起こすことが重要です。

周囲の影響を受けるだけでなく、個人としての運を創造するためには、自分自身の意識と行動が不可欠です。

誰かのそばにいることが、自分の成長やスピードの向上につながる場合もありますが、最終的には自分自身でしっかりと基準を作り、自立していく必要があります。

この本を読んだ方が、**まずは自分自身で強運の柱となり、その後で友達や家族に本を貸したり（もちろん購入してもらったり）することで、運の良さを共有するというのは、いい伝播の方法**です。

自分が得た知識や意識を広め、周囲の人たちも一緒に運を上げていくイメージです。

運というものは、学問的な正確さや脳科学的なエビデンスを求めるものではないと思います。

それよりも**知恵を出し合い、自己肯定感を高めていく過程で、自分自身の自主性と自立性を持つ運の運用方法を見つけていくことが大切**です。

運命に関するエビデンスは必ずしも明確ではありませんが、最も重要なのは、自分自身の力を信じ、可能性を切り拓いていくことです。

それを実践することで、周りの仲間たちも「これでいいんだ」と感じ、自然と共に進む状況を作ることができます。

このように、誰でもできることだからこそ、多くの人が挑戦してほしいと考えています。「大丈夫！　できる！　うまくいく！」あなたがこう思うことからいい運がやってきます。

運のいい親の子どもは運がいい

また、親と子どもの遺伝に関して考えると、内向的な親から内向的な子どもが、外交的な親からは外交的な子供が生まれる可能性が高いと言われています。

しかし、両親が自分たちの性格に似てしまって子どもが内向的すぎる（もしくは外交的）と、必ずしもネガティブになる必要はありません。現在ではそれぞれの特性もポジティブに活かす方法が多く存在します。

それぞれが違った特性を持つことで、たとえば内向的な子どもはゲームや集中力を要する活動に優れることがありますし、外交的でないからこそ深い思索や独自の視点を持つこともあります。その逆もしかりです。

内向的だ、外交的だとか、あの人はポジティブだとかネガティブだとか、決めつけるのでなくその特性をどう捉え、どう活用するかが重要です。

なぜなら、積極的に生きることとは、後天的に可能なことであり、自分の意志で主体的に動くことができるからです。

内向的であろうが外交的であろうが、ポジティブであろうがネガティブであろうが、アクティブな捉え方を持ち、積極的に自分の特性を活かすことで、より充実した人生を送ることができるでしょう。

それでも生きていれば否定的に扱われることもありますが、その特性を受け入れ、積極的に活用することで、豊かな経験を得ることができるのです。

お父さんとお母さんが運のいい人生を創る方法を理解している場合、その考え方や習慣は子どもにも影響を与えます。

子どもは、いい環境といい習慣のなかで育つことで、自分自身も運を良くする方法

を学びやすくなります。

アメリカの子どもたちは、投資の勉強やお金の管理についての教育を受けることが多いです。

これにより将来的にお金に対する健全な考え方や運用方法を身につけることができます。

対照的に、日本では多くの場合、成功の基準として「いい大学に入り、いい会社で働き、いい役職に就く」というステレオタイプが強調されます。

そのため運命を自分で切り拓くという考え方があまり浸透しないことが多いです。

この本を読んだ方は、自分の人生は自分で創り、自分の時間や表現方法も自分で創造していくことが運命を楽しむ方法であると理解できるでしょう。

ステレオタイプにとらわれず、自分自身で運を良くする方法をさらに探し、実践することが大切です。

自分自身の手で人生を設計し、従来の枠にとらわれない柔軟な考え方を持っていきましょう。

自己肯定感の高い子どもを育てる

本当にシンプルなことですが、子どもに対する接し方一つで、その子の自己肯定感は大きく変わります。

子どもが「ただいま」と帰ってきたときに、イライラして「今日何やったの？」と聞くのと、「おかえり！　今日はどんないいことがあったの？」と優しく聞くのとでは、与えるメッセージがまったく違います。

自己肯定感が高い子どもを育てるためには、日常のなかで小さな肯定的な声がけが重要です。

親が子どもにポジティブなフィードバックをすることで、子どもは自分のことをより良く評価し、自信を持つことができます。

この考え方は、自分自身にも適用できます。

一人暮らしのアパートで、帰宅時に心の中で「ただいま」と言い、「おかえり」と返すだけでも、自分自身を温かく迎える習慣がつきます。

自分自身に対する肯定的な声がけは、自信を育み、自己肯定感を高める助けになるのです。

ここまで読んでいただけたら、自分自身の育て方を見直し、子どもへの接し方だけでなく、自分自身への接し方も改善することができるでしょう。

自分の人生をコントロールし、より良い方向へ導くためには、自分自身に対するポジティブなセルフトークを意識的に行うことが大切です。

一方で犯罪や問題行動を起こす子どもたちには、家庭環境が大きな影響を与えている場合が多いです。

親の育て方や家庭の雰囲気が、子どもの自己肯定感や価値観に深く根づくため、いい習慣やポジティブな価値観を家庭内で育むことは非常に重要です。

親が資産運用や人生の運用方法を教えることは、子どもの将来に大きな影響を与えます。

そういった知識や経験が、家庭内での教育に反映されるのです。

運は本当に伝染すると私は考えています。

過去の世代からの影響が、無意識のうちに次の世代に受け継がれることがあります。

祖母が子どもから危険を避けるように過剰に心配していた場合、その行動が親に伝わり、親もまた同じような行動を取る可能性があるということです。

反面教師としての役割も含めて、家庭環境の影響は深く根づいています。

このため、**自分自身や自分の家族の未来をいい方向に導くためには、新しい習慣を意識的に取り入れることが大切**なのです。

過去の習慣や価値観を見直し、自己肯定感を育て、ポジティブな思考を持つことで、違った人生を歩むことが可能です。

自分自身の人生を積極的にコントロールし、いい習慣を育むことで、未来をより良いものにしていくことができます。

子育てにおいて、ここまで親の影響が強いとわかると、毒親の元に生まれた自分は運が悪いままだと考えてしまうかもしれません。

しかし、その影響も断ち切り、自分の行動を変えることで運を良くすることができます。

この本は資産運用を学ぶように、人生運用を学ぶためのものです。日本では資産運用が十分に教えられていないことと同様に、人生運用についてもあまり教わっていないでしょう。

しかし、**大人になると資産運用を教わること以上に、自分で情報を手に入れ、学び取ります。これは人生も同じです。人生の運用方法をこの本から学び、自ら求めて実践運用すれば、運がいい人生にたどり着くことができるのです。**

なぜ運を良くする必要があるのか

そもそも、なぜ運を良くする必要があるのでしょうか。

いい大学に進学すればいい人脈ができ、その人脈がいい会社へのコネクションとなる、といった考えはいまだに根強いです。

社会の組織がすべてがんじがらめになっている現状。多様な背景を持つ人々が集まる場所であればチャンスも多いでしょう。しかし日本のような島国では、チャンスを得るためには、運を良くする必要があるのです。

現在、「運を良くする」や「開運」に関する書籍が流行している背景には、もしかすると「親ガチャに外れた」と感じる若い人や、団塊ジュニア世代のように「自分たちはツイていない世代だ」と感じる人々の影響があるのかもしれません。

なんともならない状況を、運を味方にして解決したいという思いは少なからずあるはずです。そして私は正しい人生の運用方法さえ実践すれば、必ず人生はまき返せると信じています。

人間には2つの人生があります。それは成功者か失敗者かではなく、成功も失敗もできる人と、成功も失敗もしない人なのです。

お金がないと運は下がるのか？

お金がないと自己肯定感が下がります。

戦争で無条件降伏の敗戦をし、そののちわずか30年足らずで世界一の経済大国になり、その後バブル景気を経験し、一気に経済低迷して落下し続けた。これを、短い期間で経験してしまったのが今の日本の厄介な点です。

人間は一度何かを手に入れてしまうと、飢餓欲求が生まれてしまいます。**この飢餓欲求こそが、運を悪くする原因**となるのです。

飢餓欲求とは、たとえばサルがバナナの木を見て「バナナが食べたい」と思い、1本手に入れたとします。

1本採れて喜んでいると「もう1本採れるかもしれない」とさらに欲が出て、結果的に1房（5本）手に入れたとします。

この場合、人間だとその1房をキープしたくなります。そして、そこから1本でもなくなると、非常に強い不安感に駆られるようになります。これが「飢餓欲求」です。

飢餓欲求は、人間が持っている最も厄介な感情であり、本来はバナナが1本もなかったところから5本手に入れた途端、1本を失うことに強い不安を感じるようになるのです。この根源的な強いマイナスのエネルギー／感覚が、戦後の日本ではまさに国全体で起こってしまいました。だからこそ、私たちの周りには飢餓欲求を持つ人が非常に多く、怒りのコントロールができない人や生きづらさを感じている人が多いのです。

生活レベルを下げることができず、一度手に入れたものが心に残ってしまうと、それを失うことに非常に大きな恐怖感を引き起こします。

このように、人間というのは愚かであり、同時に面白い存在です。

では、この飢餓欲求をどのようにコントロールし、対処すればいいのでしょうか。その答えは、スバリ！「自己肯定感」を高めることです。運がいい人になるこの本の思考法を手に入れることです。

自己肯定感を高めれば、「バナナの木ごと買えばいい」という発想ができる人間になります。

つまり、バナナは「何のために必要で」「食べるとどうなり」「提供するとどのように喜ばれ」「最高の育成方法は何か」と本質を捉えることができ、バナナ園を作る人間になることにフォーカスを当てることができるのです。

あなたは1本のバナナが取られるのを恐れることに時間を費やしていませんか？バナナを木ごと買えるようになれば、毎年バナナが自分の手に入り安心感を得て、他者へも配れるようになり、「ありがとう！」のプラスのループをあなたから回すことができます。

飢餓欲求に負けずに運を引き寄せるには、この発想の転換が重要です。

そうでなければ、カーストが形成され、負け組となり、運が悪くなっていきます。不安に苛まれる日々が続くからです。

「なくなったらどうしよう」と考えるのではなく、「100万円の貯金なんてどうでもいい」と思えるかどうか、あるいは「これを1億円にするためにはどうしよう」と考えられるかが鍵です。

最悪の場合、「卵かけご飯で一生過ごせばいい」という潔い気持ちを持つことができるかどうかも重要です。

そのためにも自己肯定感を高め、勇気や自信を持つことが必要です。

毎日、同じ生活ルーティンで同じ人と会って同じレベルの人に相談していると、「奪われたらまずい」とか「5本はキープしておくべきだ」といった考えで終わってしまいます。

このような環境にいる限り、「木ごと買うためにはどうするか」という発想には至らないでしょう。

絶対に無理だと思い込んでしまうからです。

しかし、実際には木を買うほうが安定しており、年間を通してバナナを採り続けることができます。

そして、そこから種を取って、バナナ園をどんどん拡大していけばいいのです。

飢餓欲求に負けないためには、自己肯定感を高め、勇気と自信のある発想ができることが非常に重要です。

この欲求は非常に恐ろしい、人間のネガティブな悪の支配欲求です。一度手に入れた権力や地位を手放すことは、人間にとって非常に難しいことです。

セッションを通じて感じるのは、立場が危うくなったときに、そのポジションを下げるよりも、「ここですべてを終わらせよう」と考えてしまう人が多いのも、飢餓欲求の恐ろしさの一例です。

ときどき、中年以上の男性はプライドが高い、という話が出ますが、それは飢餓欲求が高まり、自己肯定感が低くなりやすい年齢だからです。

これからの時代は、ますます人々の生き方が多様化していきます。同時に運も多様化していきます。

だからこそ、自分の得意技（命を流れる動詞）を発揮し、自己肯定感を高め、自信と勇気と自立の心を持って自分の個性を伸ばし、自分らしく生きることが重要です。

そのうえで、嫌な人や苦手な仕事、つらい人間関係とは割り切って柔軟に付き合う／付き合わないかを自分で決めていいのです。

いずれにせよ、自分の個性を知ることや、精神的な自立がないと、自分の人生を自分のものだと感じられません。

自分を理解し、より良い方向に進むためには孤独と闘うことも重要です。自分と向き合う機会をどう活用するかによって、その人の精神的な強さや成長が試される時代です。

しかし大人たちを見ていると、孤独と闘うどころか、執着にとらわれてしまっているのではないかと感じます。

70歳や80歳になれば、少しずつ動けなくなります。今ほどお金があっても意味がなくなるときが来ます。

そもそも運を良くする理由は、自分の人生を幸せに生きるためです。自分の人生が幸せになれば、周りの人々の人生も幸せになります。だからこそ、自己肯定感を高め、運を良くしていくことが重要なのです。飢餓欲求にとらわれると、最悪の結果を招くことになります。**とらわれないこと、比べないこと、広く、広く、もっと広く、あなたが自分に対して自由になることを許可しましょう。〝あなた〟で生きても、もう大丈夫です。**

許容する心が大きい人は絶対に運が良くなります。

肉親を恨んでしまう理由

相続が絡むと、憎しみ合いが激化します。

相続問題に直面したときには「恨まないこと」が重要です。

介護疲れやメンタルダウンが原因で争いが起きることもありますが、憎しみからは争いしか生まれません。

だからこそ、「負けるが勝ち」の精神で対処することが大切です。

遺産が急に入ってくると、それを取られることが飢餓欲求となり、執着が生まれます。もともと予定していなかったお金が手に入ると、人間は「もらえるものはもらっておきたい」と感じるものです。

しかし、相続問題が長引くと親戚やきょうだい間での分断が起こり、最終的には弁護士が利益を得るだけの結果になります。

相続問題に強い弁護士は、着手金や成功報酬で大きな利益を得ることができます。

多くの人が抱える恨みの理由は親子関係・パートナーシップに起因するものが多いのは、私の臨床例からわかります。

そこにはお金が絡むことがよくあります。

親の介護問題となると、お金が大きな要素となってきます。

親の介護が必要になると、施設に入れる必要が出てきますが、施設に入れるのが難しいという問題も深刻です。

こうした状況においては、人間関係の質を高めること、特に親子やパートナーと近しい人との関係性の構築が重要です。

そのためにも、この本を読んでいるみなさんが自己肯定感を高め、良運や強運を周囲の方に伝染させていくことが必要です。

そして、あなたの人生が輝くように自分の夢や人生の設計を描き、未来に向かって萎縮せず、ポジティブな発想で歩んでいくことが重要です。

あなたが最近、良くなったと実感を持ち、プラスに歩むことでその幸運が伝染し、幸せも伝染します。

時間の使い方や夢の追求、そして人生には多様な道がありますが、3章で述べたように、フラットな道は存在しません。

紆余曲折をどう生き抜くかを知り、肯定的な側面を見ながら進むことが大切です。

親が見守ることの大切さ

子どもの自己肯定感を高めたいと願う親御さんたちに対して、私が大切だと思うのは「見守る」ということです。

お子さんが何かに悩んでいるとき、その悩みをしっかりと見守ることが重要です。

悩ませてあげることが大切で、些細な悩みでも、たくさん見守ってあげてください。


「待つ」という行為だけでは不十分です。

待つというのは、子どもが何かに悩んでいるときに親が自分の答えを期待して待つことが多いからです。

たとえば子どもがAとBの選択肢で悩んでいるとき、親が自分の答えを期待しながら待ってしまうことがあるのです。


一方、「見守る」とは、子どもの答えをただ慈しむことです。

子どもが悩んでいることを受け入れ、その悩みの答えをしっかりと待つ。

小さな悩みや苦しみ、葛藤を何度も繰り返すことで、子どもは自分で解決策を見つけ、自分の選択権を強く意識するようになります。

これをモラトリアムと呼びますが、モラトリアムを超えることで、不動の心、つまり自己の確立が生まれます。これこそが自己肯定感です。

自己肯定感を育むためには、悩みや選択の機会を繰り返し経験することが重要です。そして、「見守る」ことを通じて、自分に新しい習慣や環境を与え、自ら解決策を見つけ出すことができます。その悩み、自分で答えるという繰り返しのプロセスを大切にしていくことで、自然に子どもが理解していくようになります。

多くの悩みを経験し、それを乗り越えることで人間は成長します。

お子さんも同様です。親が見守ることをせず、親の期待した答えに沿って育ち、いきなりお子さんが大きな選択を迫られたとき、子どもはクリアできないばかりか、今まで親が結論を出してくれていたので自分はどうしていいのかわからなくなってしまうのです。

子どもは小さな悩みを解決する過程で、自分自身の解決策を見つけ出し、自分の創

意工夫の力で主体的に人生を生きていくことができるようになるのです。

運がいい人、強運の人というのは、自分に新しい習慣や環境を与え、自ら悩みを避けることなく乗り越えることができる人です。

悩みは成長の一部であり、その一歩一歩を慈しんで見守ることで、自分自身の運用方法が強化されていく、そんなことを今ふと思っています。

周りにいる人たちも運がいい？

私の周りにいる人たちには、「私と会ったということは運がいいよね」といつも言っています（笑）。

ですが、半分本当にそう思っています。

私自身、病気を克服したことや、借金をなんとか解決できたこと、本が売れたこと、自己成長が絶え間なく続いていることなど、さまざまな幸運に恵まれてきました。

さらに、約20年近く講座に参加してくれる方々がいることも、運がいいことの証しです。

その背景には、実はたくさんの試練や挫折を乗り越えてきた経験があります。

決して、常に順風満帆だったわけではありません。

特に失敗を経験したときや、自分に自信が持てなくなったときには、運なんて信じられなくなったこともありました。

それでも自分の可能性を信じ続け、周囲の支えに感謝しながら前を向いてきたことで、今の運の良さを手に入れられたと感じています。

だからこそ「運がいい人」に見えるのは、自分を肯定し、前向きな姿勢を持ち続ける努力をしてきたからだと思います。

運を引き寄せるためには、自分の価値を信じること、つまり自己肯定感を高めることがとても大切です。

自己肯定感が高いと、たとえ困難な状況にあっても「自分ならきっと大丈夫」と思えるし、周りの人の運の良さもポジティブに受け取ることができます。

さらに運は自分一人だけのものではなく、周りの人たちとも連動しています。

私が苦しい時期を乗り越えられたのも、周りの人たちが「きっとあなたならできる」

と応援し、信じてくれたからです。

そういった信頼の絆が、より良い流れを引き寄せ、結果として運を強くしてくれました。

反対に周囲にネガティブな人が多いと、どんなに自分がポジティブでいようとしても、引っ張られてしまうことがあります。

ですから自分の運を育てるには、周りの人たちの運をも一緒に高めていくことを考えることが大切です。

相手の成功や幸せを自分のことのように喜び、ポジティブなエネルギーを分かち合うことで、自己肯定感がさらに強まり、相手も自分も運が上がる好循環が生まれます。

私たちは、互いの運を支え合いながら成長していけるのです。

運とは、孤独に築くものではなく、人と共に築いていくもの。

そして、それが本当の意味での「強運」へと繋がっていくのだと思います。

第5章のまとめ

- 運がいい方向で生きると、周囲の人にも幸運の影響が出てくる
- いい環境と習慣で育てると、子どもが運を良くする方法を学びやすい
- 飢餓欲求は、運を悪くする原因
- 自己肯定感を高め、飢餓欲求に負けない発想ができるように

エピローグ

これから運が良くなるあなたへ

私は長い間、自己肯定感について、独自の理論を研究・開発し、自己肯定感の第一人者として「自己肯定感」を広めてきました。

最近では、自己肯定感という言葉が若い世代を中心にトレンドにもなり、大企業からの研修はもとより、企業のブランド構築や商品開発の相談依頼が絶えなくなってきています。

この流れのなかにいる私の立場から見ると、現在の自己肯定感の動きにはいくつかの特徴があります。

基本的に、平成や令和の若者たちがＳＮＳなどで発信している内容からは、現代が生きにくい時代であることが伝わってきます。

経済は停滞し、給料は増えず、負担は増える一方です。

恋人を作ることすらお金がもったいないと感じ、ゲームやTikTokのほうが楽しいと感じる人が増えています。

家庭を持ち、子育てをすることに対しても無関心な人も多いようです。

しかし、そんななかで「私、自己肯定感が高いから大丈夫」といった言葉を使って、自分を前向きに捉える若者たちが増えているのは、とても喜ばしいことです。

自己肯定感という言葉が日常的に使われ、「今日は自己肯定感が高い」と自己評価を表現するのは、ネタ的な要素はあるにせよ彼らが生きづらさを感じつつも、その状況をポジティブに受け止めようとしている表れだと思います。

一方でシニアは、「自己肯定感が高いから問題ない」という感覚を持つことが多く、中高年では「自己肯定感が低いから先生のところに来ました」という人がいるように、世代ごとに自己肯定感に対する考え方が異なることも興味深い点です。

結局のところ、自己肯定感は幅広い年代に共通して理解しやすいキーワードであり、若い世代にとっては自分たちを盛り上げるための手段となっています。外部要因として、昭和や平成の世代に比べて希望が少ない時代に生きている彼らですが、そのなかで自分たちなりに楽しみながら生きている姿勢には学ぶべきものがあります。

自己肯定感のマーケットは、今後さらに広がっていくと思います。特に中高年が注目し始めたことから、マーケットの拡大が期待されます。彼らにとって、今のトレンドとなっている「自己肯定感」という言葉やテーマは非常に興味深いものとなるでしょう。

海外でも、特に中国や華僑においては「自立」が重要なテーマになっています。一人っ子政策の影響で、やる気のない子どもたちが育ち、祖父母から大切に育てられた結果、日本で言うところの「ゆとり世代」と「悟り世代」を掛け合わせたような子どもたちがこれからを担っていく状況です。

中国共産党が「自立」という言葉を教育に取り入れるほどの時代ですから、今後、中国は大きな成長を遂げるでしょう。

そしてソ連とウクライナ、パレスチナ・ガザ地区での紛争と、世界全体で混乱が続いているような状況です。

このような時代において、メンタルヘルスや自己肯定感が再び重要なテーマとして見直されるのは必然なのではないかと考えています。

日本人と欧米人のマインドの違いとして、特にアメリカ人やフランス人は自己肯定感が非常に高いと感じます。

これらの国々では自己主張が求められ、自分の意見をしっかりと表明しなければ生きていけません。

すべての人が「私にできます」と主張する文化があり、実際にできなくても「できます」と言わなければならない環境です。

そこで生き抜くためには、自分自身を肯定し、「できなかった場合はなんとかする」という気持ちを持つことが前提となっています。

そうでなければ厳しい社会で生きていくのは難しいでしょう。

しかし、そう考えると、アメリカ人やフランス人は運がいい人が多いのかという疑問が浮かびます。

その答えは、必ずしもそうではありません。実際には、これらの国々では貧富の差が激しく、勝ち組と負け組の差が日本よりもはるかに大きいという現実があります。

そのため自己肯定感が高くないと、運が良くならない環境が広がっています。

激烈な競争社会に直面し、そこで成功するのはほんの一握りであり、成功できなかった人は極端な場合、ホームレスになってしまうこともあります。

すべての分野においてカーストが存在し、物理的なものだけでなく、精神的な負担の差も非常に大きいのです。

結局、どんな場面でも、自己肯定感が高くなければ通用しないという現実があるのです。

日本では、おそらく今後5年以内にさらに大きな格差が生まれてくると思います。

ですから会社員の方々はこの5年の間に、セカンドジョブやサードジョブを確保しておくことも考えるべきだと思っています。

そのためには自分自身の資産価値を高めることが重要です。

ここで言う「自分自身の資産価値」とは、自分のスキルや知識、経験、人脈、そして内面的な強さを指します。

不動産投資や株式投資に取り組むよりも、自分自身の資産価値を高めるほうが強力な手段となります。

なぜなら自分の価値が高まることで、どのような環境でも柔軟に対応し、新たな機会をつかむ力が養われるからです。

勝ち組と負け組が今まで以上に明確に分かれる時代が近づいています。そのためにも自己肯定感を高め、今のうちに行動を起こすことが大切です。

特に地方ではより顕著であり、状況は厳しくなってきています。

悠長なことを言っていられない状況であり、瞬く間にゴーストタウンができ、大型商業施設が次々と閉鎖される未来が見えてきます。

自己肯定感だけでなく、新しいマインドや感受性を高めるためには、何が必要なのかを考えることも重要です。

こうした情報を早い段階でつかみたいと考える人も多いでしょう。

まさに、これからは人生の運用方法が非常に重要です。

特に肩書や会社というブランドがなくなったときに、自分の資産価値がどれだけあるかが問われるでしょう。

だからこそ運を良くしておくことが大切なのです。

もちろん、物質的な豊かさがなくても、人生に意味や目的を見出すことで、運がいいと感じることができます。

お金よりも自分にとって価値のあることを追求し、やりがいや幸せを感じることで、豊かな人生を送ることが可能です。

こうした生き方は、外から見ると経済的に豊かではなくても、内面的な幸福感をもたらし、運がいいと実感できるのです。

本書に書かれていることを実践し、順調に進んでいると感じていても、ときには大きなトラブルに直面し、心が折れそうになることがあるかもしれません。

そこで最後に思考がリバウンドしてしまったとき、再びモチベーションを上げ、もう一度チャレンジしようと思える心構えをお伝えします。

最初に思い出してほしいのは、あなた自身の運を良くすることが、周囲の人々にもいい影響を与えているということです。

あなたの幸福や成功は、他者への貢献でもあります。

この事実を自覚することで、原点に戻り、リバウンドを防ぐことができるでしょう。リバウンドしそうになったら、自分が幸せで強運であることで、周りの人たちも運が良くなっているのだと再確認してください。

次に、自分の人生運用をさらに広げ、多くの人にハッピーな貢献をすることを心がけましょう。

感謝の言葉「ありがとう」をもらえるような行動を増やすことで、自分の選んだ道が正しかったと感じられるはずです。

人から「ありがとう」と言われることで、自分の運の運用方法に自信がつき、それが再び前進する力となるでしょう。

そして最後に、視野を広げて、いま一度自己肯定感を高めることが重要です。

直面している困難にとらわれず、これまでの努力を振り返り、自分を認めましょう。

せっかくここまでやってきたのだから、リバウンドするのはもったいないという気持ちを持ち、自己慈愛のプロセスを踏んでください。

これによりリバウンドを最小限に抑え、次のステップへと進む力を得られるでしょう。小さなことから始めて調子を取り戻し、原点に立ち返ることで、再び前進できるはずです。

よく「最後は運任せ」という言葉がありますが、その運は誰かに決めてもらったり、神頼みにするということではありません。

最終的には、自分の行動が自分に返ってくる。今までやってきた運用方法が良かったかどうかが結果に出るということだと思うのです。

そして何度も言ってきましたが、もし思うようにいかないことがあったとしても、それは失敗ではなく、運用方法が間違っていただけなのです。

もう一度、新たに命の使い方を捉え直すきっかけと思えばいいのです。人生で起こるあらゆる出来事は幸せの種であり、これからの人生のギフトです。

大丈夫！　この本を手にしたあなたは絶対に運がいい！

本書を手に取ってくださったあなたへ、心からの感謝の気持ちを込めて。

2024年10月9日

中島輝

強運スパイラル
トレーニング10

トレーニングをスマホで持ち歩こう！

自己認知トレーニング
【自己理解から「らしさを発見」】

STEP 1

～自分の価値に気づく～
ライフデザイン・チャート

トレーニングの効果

人と比べてしまいがちな人は、このトレーニングをすることで、より自分にフォーカスした視点を持てるようになります。

チャートを見返すと、自分を支えてくれた人や、価値を認めてそばにいてくれた人が意外と多いことに気づけるでしょう。たとえ多くなくても、あなたに大きな影響を与え、支えてくれた存在がいることを再認識できるかもしれません。

これまでに多くの浮き沈みがあり、決して平坦な道ではなかったことを確認できるでしょう。しかし、あなたはそのすべてを乗り越えてここまで来ました。その事実に自信を持ち、これからの人生にも前向きに取り組む力を得ることができるはずです。自己理解すると、あなたの「らしさ」が発見できます。

トレーニングのやり方

過去の出来事を振り返りながら、自分自身の「年表」を作成しましょう。出来事だけでなく、そのときの思い出や自分を支えてくれた仲間の存在も書き添えることで、他人と比較して一喜一憂することを防ぎ、自己理解を深めあなた「らしさ」を知ることができます。

①紙の真ん中に横線を引き、生まれてからこれまでを時系列で書きます。
②思いつくままに、上側に「思い出に残るくらい最高だった出来事／いい転機になったこと」、下側に「最悪だった出来事／つらかったこと」を書きます。
③それぞれのイベントに「最高の瞬間に、一緒に盛り上げてくれた仲間（家族、友人、知り合いなど）」、あるいは「つらいときに、隣でサポートしてくれた人」を書き添えていきます。

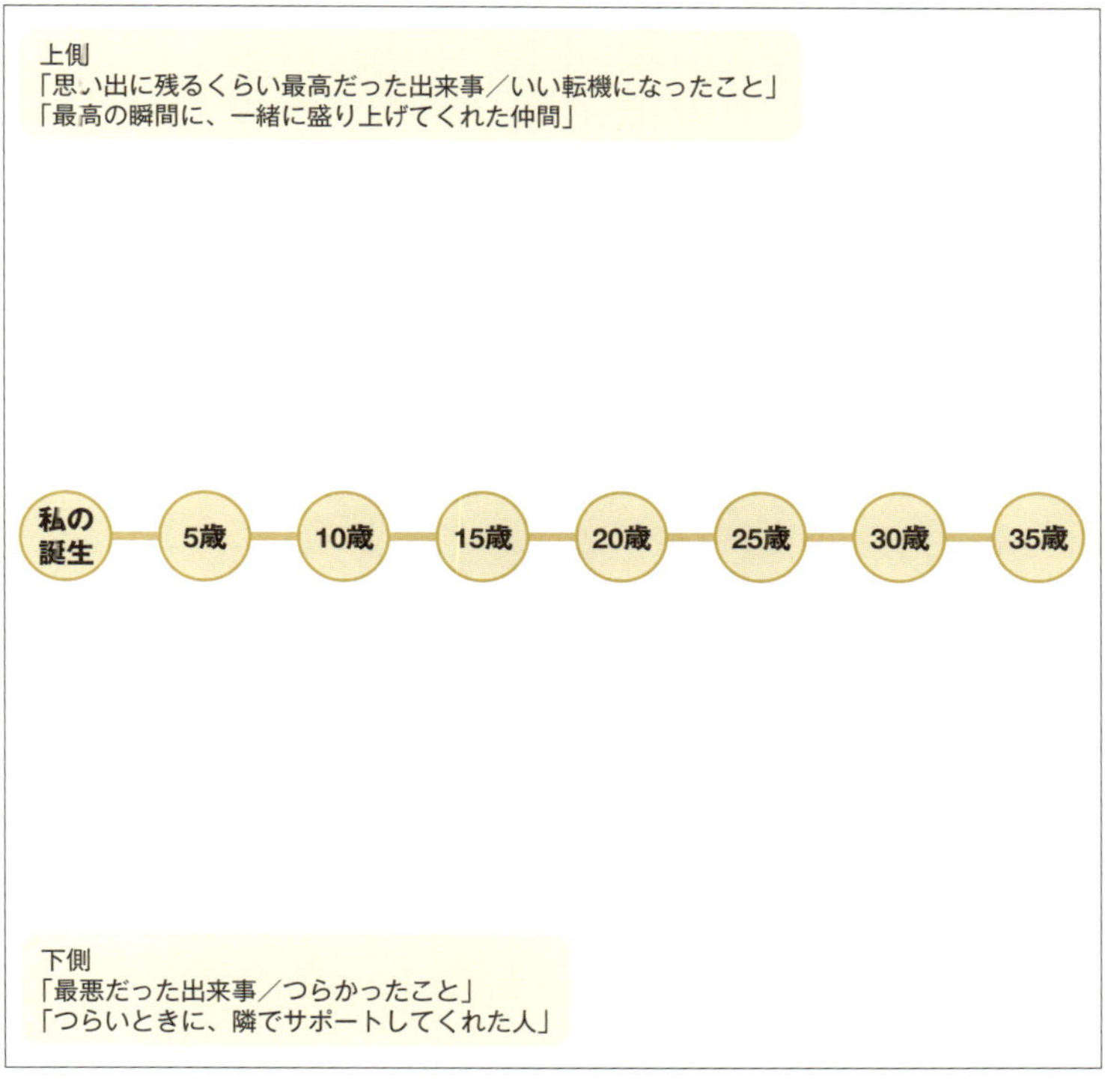

〜自分にとって大切な価値観がわかる〜
価値観リスト

トレーニングの効果

仕事や人間関係において、自分が何を大切にしているのかを知るためのトレーニングです。「自己発見」や「自己理解」につながり、自分の行動や選択の根本にある価値観を見つめ直すことができます。

「価値観」とは、「何に価値を認めるかという考え方」のことです。それは本質的に求めているものであり、幼い頃から変わらず心の中に存在しているものでもあります。

価値観に沿った行動を取ることで質の高い健全なエネルギーが引き出され、自分らしさを存分に発揮できるようになります。結果として、最大限のパフォーマンスを発揮し、ただの楽しさや満足感を超えた、深い充足感や幸福感を得ることができ、あなたらしく生きることができるでしょう。

トレーニングのやり方

(1) 80項目ある価値観リストに重要度を◎○△で記入します。(◎：大切だと思う　○まあまあ大切だと思う　△：それほど大切だと思わない)

(2) (1)で◎をつけた価値観に順位をつけます。

(3) 特に大切だと思う価値観を3つ抜き出し、その理由についても書いてみましょう。

80の価値観リスト			
価値観	解説	重要度	順位
受容	ありのままの自分を受け入れてもらう		
正確	自分の意見や信念を正しく伝える		
達成	何か重要なことを達成する		
冒険	新しくてワクワクする体験をする		
魅力	身体的な魅力を保つ		
権威	他者に対して責任を持って指導する		
自治	人任せにしないで自分で決める		
美的	身のまわりの美しいものを味わう		
庇護	他者の面倒を見る		
挑戦	難しい仕事や問題に取り組む		
変化	変化に富んだバラエティ豊かな人生を送る		
快適	喜びに満ちた快適な人生を送る		
誓約	絶対に破れない約束や誓いを結ぶ		
慈愛	他者を心配して助ける		
貢献	世界の役に立つことをする		
協調	他者と協力して何かをする		
礼儀	他者に対して誠実で礼儀正しく接する		
創造	新しくて斬新なアイデアを生む		
信頼	信用があって頼れる人間になる		
義務	自分の義務と責任を果たす		
調和	周囲の環境と調和しながら生きる		
興奮	スリルと刺激に満ちた人生を送る		
貞節	パートナーにウソをつかず誠実に生きる		
名声	有名になって存在を認められる		
家族	幸福で愛に満ちた家庭を作る		
体力	丈夫で強い身体を保つ		
柔軟	新たな環境にも簡単になじむ		
許し	他人を許しながら生きる		
友情	親密で助け合える友人を作る		
愉楽	遊んで楽しむこと		
寛大	自分の物を他人に与える		
真実	自分が正しいと思うとおりに行動する		
信教	自分を超えた存在の意思を考える、変化と成長を維持する		
健康	健やかで体調よく生きる		
有益	他人の役に立つこと		
正直	ウソをつかず正直に生きる		
希望	ポジティブで楽観的に生きる		
謙遜	地味で控えめに生きる		
笑い	人生や世界のユーモラスな側面を見る		

独立	他者に依存しないで生きる		
勤勉	自分の仕事に一生懸命取り組む		
平安	自分の内面の平和を維持する		
親密	プライベートな体験を他人とシェアする		
正義	すべての人を公平に扱う		
知識	価値ある知識を学ぶ、または生み出す		
余暇	自分の時間をリラックスして楽しむ		
寵愛	親しい人から愛される		
愛慕	誰かに愛を与える		
熟達	いつもの仕事・作業に習熟する		
現在	今の瞬間に集中して生きる		
適度	過剰を避けてほどよいところを探す		
単婚	唯一の愛し合える相手を見つける		
反抗	権威やルールに疑問を持って挑む		
配慮	他人の世話をする		
開放	新たな体験、発想、選択肢に心を開く		
秩序	整理されて秩序のある人生を送る		
情熱	なんらかの発想、活動、人々に深い感情を抱く		
快楽	良い気分になること		
人気	多くの人に好かれる		
権力	他人をコントロールする		
目的	人生の意味と方向性を定める		
合理	理性と論理に従う		
現実	現実的、実践的にふるまう責任		
責任	責任を持って行動する		
危険	リスクを取ってチャンスを手に入れる		
恋愛	興奮して燃えるような恋をする		
安全	安心感を得る		
受諾	ありのままの自分を受け入れる		
自制	自分の行動を自分でコントロールする		
自尊	自分に自信を持つ		
自知	自分について深い理解を持つ		
献身	誰かに奉仕する		
性愛	活動的で満足のいく性生活を送る		
単純	シンプルでミニマルな暮らしをする		
孤独	他人から離れて1人でいられる時間と空間を持つ		
精神	精神的に成長し成熟する		
安定	いつも一定して変化のない人生を送る		
寛容	自分と違う存在を尊重して受け入れる		
伝統	過去から受け継がれてきたパターンを尊重する		
未来	いつも先を見ている		

あなたの価値観

◎をつけた価値観

特に大切だと思う価値観と、その理由 1

特に大切だと思う価値観と、その理由 2

特に大切だと思う価値観と、その理由 3

STEP 2

自己受容トレーニング【あるがままを受け入れて自由になる】

～手放すことを許可する～
ブロック解除セラピー

トレーニングの効果

あなたは、思い込みで何に対して心をブロックしていますか？　そのブロックは、あなたの一度きりの人生に本当に必要でしょうか？

そのブロックに対して、「それって本当？」と問いかけてみましょう。

「○○すべき」「○○してはいけない」と自分を縛ることは、あなたをただ疲れさせるだけです。これは一つずつ手放していくセラピーです。

ブロックがなくなると、思ってもみなかった「やりたいこと」が見えてきます。

自分の力を制限するのを終わりにすれば、あなたの心に眠っている願いや夢が引き出され、自由が獲得できます。

トレーニングのやり方

質問にある文章を声に出して読み、何か心にひっかかりがあるものに○をつけましょう。それが、あなたの思い込みで心をブロックし、あなたの人生で勝手に制限しているものです。

21日間、寝る前の自分に伝えてあげましょう。

以下の文章を声に出して読んでみましょう。何か心にひっかかりがあるものに○をつけましょう。

1．人と違ったっていいんだよ
2．恥をかいて人から笑われてもいいんだよ
3．自分に素直にありのままに生きていいんだよ
4．すべての人と仲よくできなくたっていいんだよ
5．大好きな人に「大好き」って言っていいんだよ
6．自分の意見を主張してもいいんだよ
7．弱い自分を見せたっていいんだよ
8．嫌なことは断ってもいいんだよ
9．人に助けを求めたっていいんだよ
10．もっと豊かになってもいいんだよ
11．楽しいことを優先してもいいんだよ
12．幸せになってもいいんだよ

（設問 1）
○がついた文章は何番でしたか？（※複数回答可）

［　　　　　　　　　　　　　　　　　　　　］

（設問 2）
設問1で答えた文章をもう一度声に出して読んでみましょう。それが、あなたの思い込みで心をブロックし、あなたの人生で勝手に制限しているものです。

［　　　　　　　　　　　　　　　　　　　　］

（設問 3）
今日から 21 日間、寝る前に自分で伝えてあげましょう。

［　　　　　　　　　　　　　　　　　　　　］

〜人間力を高める〜
SWOT分析

トレーニングの効果

戦略や意思決定を行う際に内外の状況を評価するためのトレーニングで、次の4つで構成されています。

Strengths（強み）：内部要因として、競合他社や他者と比べて優れている点や、成功のための資源や能力。

Weaknesses（弱み）：内部要因として不利な点。競争上の弱点や改善が必要な課題。

Opportunities（機会）：外部要因として、成長や発展のために活用できる環境や条件。

Threats（脅威）：外部要因として、競争力や成長に悪影響を与えるリスクや課題。

自己の強みを理解し、弱みを改善し、外部要因をチャンスと捉えることで、自己成長を促進し、人間力が高まり、あなたの人生を自由にしてくれます。

トレーニングのやり方

1〜4に記入し、自分が次にどう動くかを考えます。

1：強み（Strengths）→あなたが得意で、ほかの人より優れていること

2：弱み（Weaknesses）→苦手なこと、改善が必要なところ

3：機会（Opportunities）→新しいことに挑戦する機会や環境があるか

4：脅威（Threats）→自分に不利な外部状況や、今後困るかもしれない問題

表に、自分について、上段に「強み」と「弱み」を記入していきましょう。下段には、「機会」の欄に、自分の強みが活かせそうな業界や職種を列挙していきます。同時に、技術の進歩や世の中の動向（少子化など）で、今後自分に不利になりそうな要素を「脅威」の欄に埋めていきます。

	ポジティブ要素	ネガティブ要素
内部環境（自分の得意・不得意）	Strengths（強み） 活かすべき強み	Weaknesses（弱み） 克服すべき弱み
外部環境（世の中の動きや技術の進歩）	Opportunities（機会） 活躍の場	Threats（脅威） リスク要因

〜人生のテーマごとに数値化する〜
ライフチャート

トレーニングの効果

人生のさまざまなテーマに対する感情や価値観を視覚化し、それをアウトプットすることで、自己理解を深める効果があります。

私たちは普段、無意識のうちに「大事な人」「お金」「人間関係」「健康」「仕事」「家族」「遊び」といった、複数のテーマを同時に考え、選択し、行動しています。

しかし、これらを意識して整理しないと、「今・ここ」で自分がどのような状態にあるのかを見失ってしまうことがあります。

ライフチャートでは、感情に強く影響される問題や、理性的な判断が難しくなるような状況を数値化し、視覚化することで、問題を明確にし、正確に分析でき、人生を楽に愉快に生きる手助けとなります。

トレーニングのやり方

あなたの人生にとって大切なことを8つ決めましょう。次にその8項目について、現在の満足度に点をつけ、その点をすべてつなぎます。

それぞれ、そのテーマを「1点上げる」ためにはどうしたらいいか考えてみましょう。

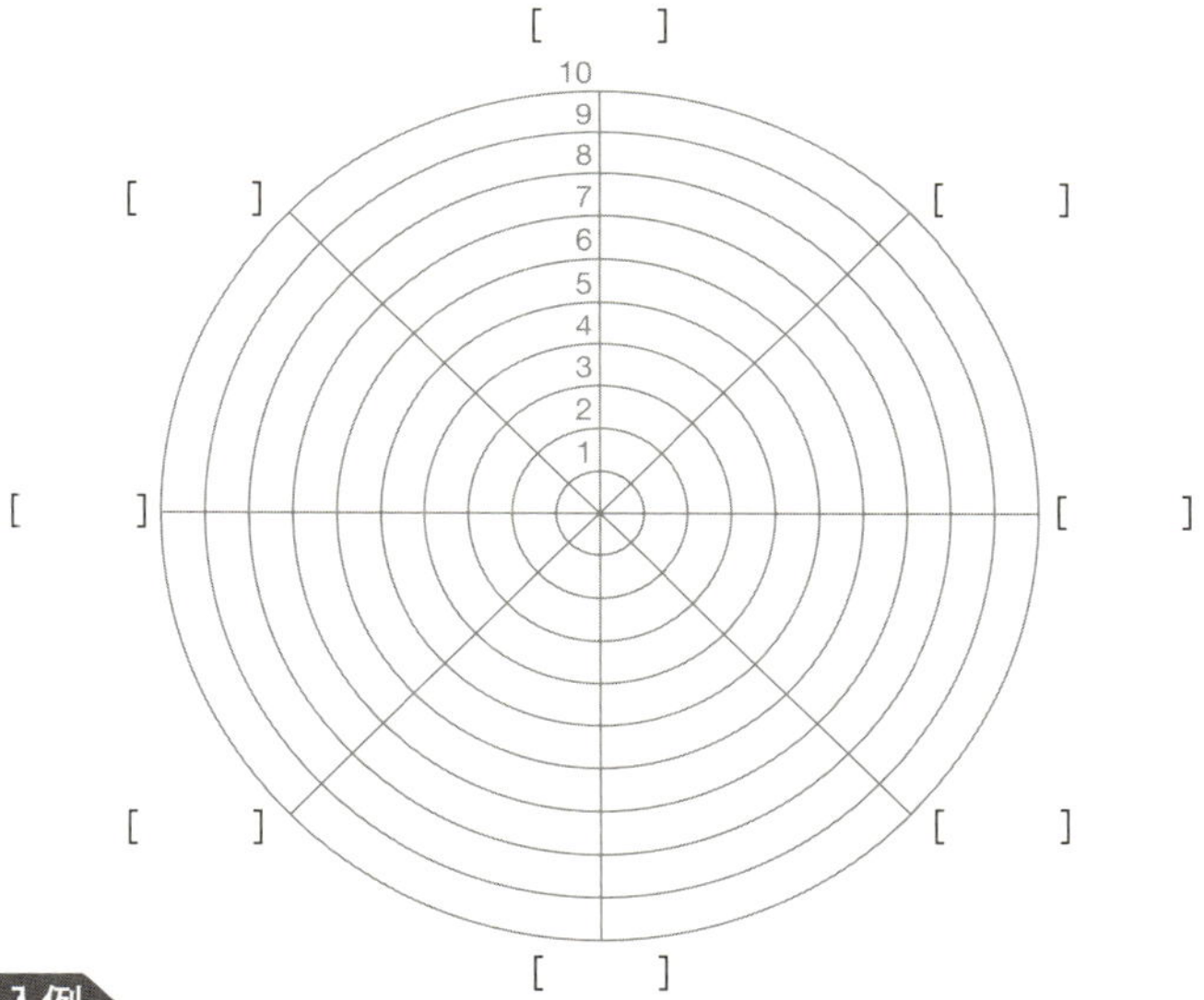

記入例

（8つのテーマとライフチャートの例）

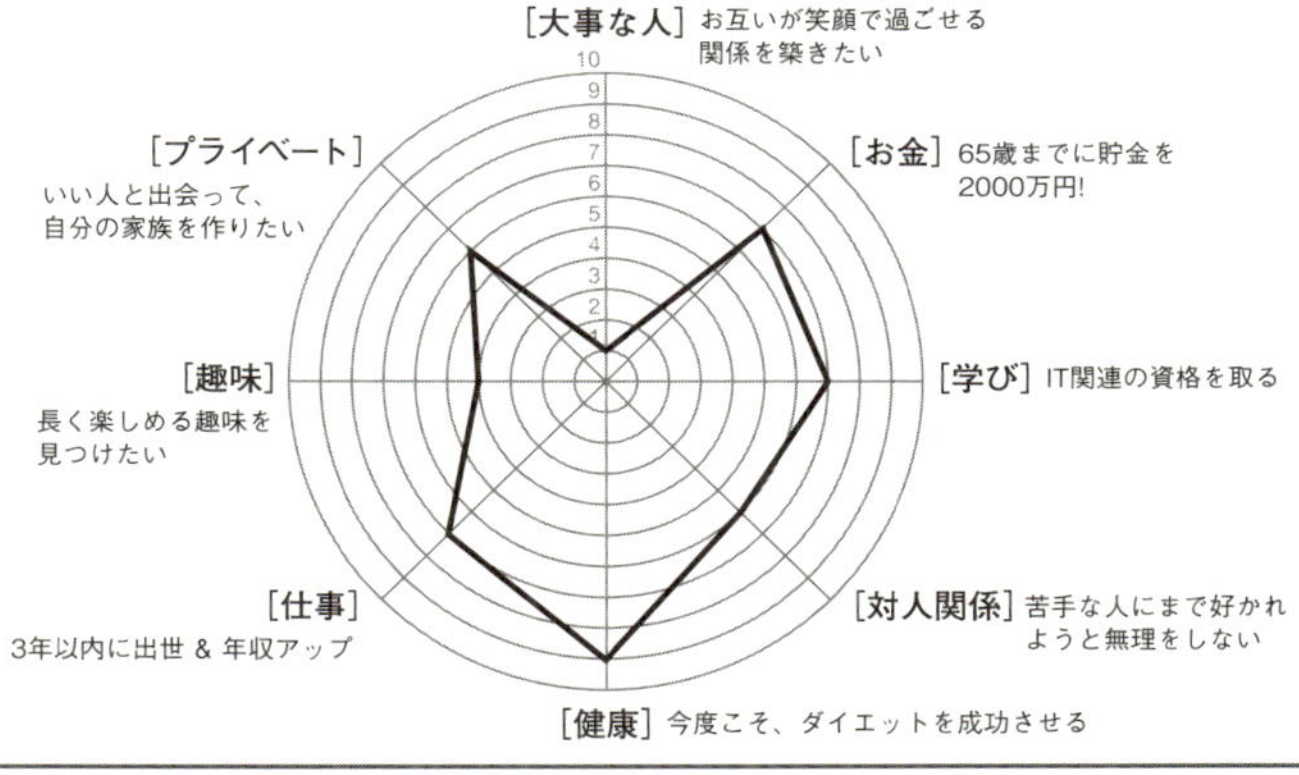

［大事な人］お互いが笑顔で過ごせる関係を築きたい
［お金］65歳までに貯金を2000万円!
［学び］IT関連の資格を取る
［対人関係］苦手な人にまで好かれようと無理をしない
［健康］今度こそ、ダイエットを成功させる
［仕事］3年以内に出世 & 年収アップ
［趣味］長く楽しめる趣味を見つけたい
［プライベート］いい人と出会って、自分の家族を作りたい

自己成長トレーニング【楽しい毎日を送れる】

STEP 3

～人生をより豊かにする～バケットリスト

トレーニングの効果

バケットリストという名称は「kick the bucket（死ぬ）」という表現に由来しており、人生でやりたいことや達成したい目標、挑戦したい体験をリストアップすることで、より充実した人生を送るための指針となるものです。

リストには、具体的な内容から抽象的なものまで自由に書き込むことができ、気軽に始められます。この過程でやりたいことが明確になると、日常の目標が設定され、モチベーションが高まります。

また、何が本当に重要かを見極める機会にもなり、人生をより豊かにする助けとなります。さらに、リストの項目を一つずつ達成することで、充実感や満足感を得られ、自己肯定感が高まり人生を楽しんでいけます。

トレーニングのやり方

自分自身に、「もし5年後に死ぬとしたら後悔しないために何をしたい？」と質問して、「人生でやってみたいこと」を自由に書き出しましょう。

特に達成したいことに優先順位をつけて整理し、実際に達成するための具体的なアクションを考えます。

もしあなたが5年後に死んでしまうとしたら、「これだけはしておきたい!」と思うことは何ですか？　思いつくままに書き出しましょう。

書き出したなかから5つだけ選び、「これをしなければ絶対に後悔する」と思う順番にランキングをつけましょう。

順位	これだけはしたいこと	理由
1位		
2位		
3位		
4位		
5位		

書いたものを眺め「気づいたこと、感じたこと」「これからの人生に生かしたいこと、注意しておきたいこと」を記しておきましょう。

〜未来の視点で自分を肯定する〜
ライフチェンジノート

トレーニングの効果

5年後の未来の視点から物事を考えるトレーニングです。未来から現在を見つめる習慣が身につき、輝かしい未来を実現するために「今」があると実感できるようになります。5年後という少し先の未来を設定することで、現実的かつワクワクするイメージを抱きやすいです。未来の自分が、現在の自分にポジティブなメッセージを送ることで、今の自分を肯定し、未来への一歩を踏み出すためのエネルギーを得ることができます。

ワクワクする未来を思い描くことで、現在の生活に輝きが増し、生きがいが感じられます。そして、その未来を実現するための具体的な行動を促すことができ、今を楽しく生きることができます。

トレーニングのやり方

5年後の未来の自分を想像し、質問に答えていきましょう。現実的でありながらも、心がワクワクするような未来をイメージすることが大切です。

自分自身に対しては、必ずポジティブな言葉を使って、自信や前向きなエネルギーを引き出してあげましょう。

Q1 5年後の自分はどんなふうに仕事とプライベートを楽しんでいますか?

(例) 海の近くに住んで、毎日海を見て過ごしながら都内通勤。海外に月2回は旅行してさまざまな人と会い、いろいろなものを見にいっている。

Q2 5年後の自分に聞いてみたいことはなんですか?

(例) もっと早くその暮らしをするには、どんな行動をすればいい?

Q3 5年後の自分に、どんな言葉をかけたいですか?

(例)「よくやったね! よく頑張ったね!
これからは、あなたが好きなことだけにフォーカスして生きてください」

Q4 5年前の自分を想像してください。あなたが今、伝えたい言葉はなんですか?

(例)「いい感じ! つらいことも悲しいことも焦ることもたくさんあるだろうけれど、努力は決して裏切らないから、そのままの調子で、自分を信じて頑張れ!」

Q5 今のあなたが大切にする言葉をあなた自身に送ってください。

(例)「自分を信じて突き進め!」

〜目標を達成する方法がわかる〜
イメトレ文章完成ノート

トレーニングの効果

脳内の抽象的な思考を具体的な言葉に変換し、「本当にやりたいこと」「大切なこと」「必要なこと」を見出すノート術です。

自己肯定感が低下しているときは、ビジョンや長所、環境についてもネガティブに捉えがちで、負のループに陥りやすくなります。自分の現状を把握し、感情を整理して、具体的なビジョンを描いていきましょう。

左ページの11の定型文を埋めることで、自然に目標達成に向けた行動ができるようになります。

ビジョンが明確になると、目標や強み、サポート、そして達成に必要なノウハウを客観的に確認でき、人生がバージョンアップして楽しくなっていきます。

トレーニングのやり方

定型文の空欄を埋めていき、文章を完成させてください。あなたの本当の目標を思い切って書きましょう。目標別に1つずつ分けて書くこともおすすめです。目標達成の方法を広い視野で探してみることで、すぐに具体的な行動に移ることができます。

目標の設定	私が実現したい目標は『　　　　　　　　』です。
メリット	なぜならその目標を達成すると 『　　　　　　　　』だからです。
ブレーキ	しかし、『　　　　　　　　』が 私の目標を妨げています。
現状把握	そのため、私は今、『　　　　　　　　』 という状況になっています。
新しい方法	そこで、私は目標に近づくために 『　　　　　　　　』という 新しい方法を試みるつもりです。
自分の強み	なぜなら、私の強みは『　　　　　　　　』 であり、それが目標を達成するために役立つと思うからです。
協力者	また、目標に向かうにあたり、 『　　　　　　　　』さんが協力してくれます。
環境	目標に向かうにあたり、『　　　　　　　　』 という環境が味方してくれると思います。
ノウハウ	私は目標を達成するために、『　　　　　　　　』 というノウハウを持っています。
やる気	私は目標を達成するために 『　　　　　　　　』という方法で やる気を引き出します。
最初の一歩	私は目標を達成するために、まずは 『　　　　　　　　』から始めます。

他者貢献トレーニング【ありがとう！の連鎖をつくろう】

STEP 4

～幸運脳の解釈ができる～ リフレーミング

トレーニングの効果

リフレーミングとは、物事や出来事、状況の枠組みを変えることで、別の視点を持つことができるという心理学の概念です。視点を切り替えることによって、同じ事実でも異なる意味や価値を見出すことができるというものです。

ネガティブな出来事や特性を新たな視点から肯定的に捉えるために有効で、新しい可能性が見えてきたり、自己肯定感が高まったりすることがあります。

「ポジティブシンキング」と似ていますが、ポジティブシンキングは、出来事を前向きに捉えること自体を目的としていますが、リフレーミングは、出来事の枠組みや視点を変えることによって、新たな見方や価値観を得る手法です。嫌い、苦手だったあの人に「ありがとう！」が言えるようになったら運が良くなっている証しです。

トレーニングのやり方

日頃、つい使ってしまう「否定的な言葉」を、視点を変えて「肯定的な言葉」に言い換えてみましょう。自分に対する否定的な表現を肯定的に変えることで、自然と自分に対する好意や信頼が生まれ、自信を持って行動できるようになるのです。

（例：「私はせっかちだ」→「私は行動が早い」）

日頃自分がつい使ってしまう「ネガティブな言葉」「否定的な単語」を言い換えてみましょう。

ネガティブ・否定的な言葉		ポジティブ・肯定的な言葉
	→ 言い換え →	
	→ 言い換え →	
	→ 言い換え →	
	→ 言い換え →	
	→ 言い換え →	
	→ 言い換え →	
	→ 言い換え →	

例

否定語		肯定語
疲れた	→	よく頑張った
どうせ	→	せっかくだから
ぜんぜんダメだ	→	すべてが悪いのではない
もうできない	→	あと一歩
すみません	→	ありがとう

〜自己イメージをポジティブに変える〜
鏡のワーク

トレーニングの効果

自己認識や自己肯定感を高める効果的な手法として知られています。鏡に映る自分自身を見つめながら、内面と向き合い、ポジティブな自己対話を行うことを目的とした心理的なワークです。特に、自己肯定感が低いと感じている人や、自己批判が強い人に対して有効です。

著名なヒーラーであるルイーズ・ヘイが提唱した「ミラー・ワーク」として広く知られており、彼女のメソッドに基づいて多くの人が実践しています。

具体的には、毎日鏡に向かって自分の目を見ながら「私は絶対運がいい、これからもっと運がいい」などの肯定的なメッセージを語りかけることで、自己イメージをポジティブに変える効果があり、さらにあなたが誰かにポジティブな感情を与えるポジティブ連鎖につながっていきます。

トレーニングのやり方

朝は、鏡に向かって肯定的な言葉を口に出して唱えましょう。起きてすぐでも出かける前でもOK。耳で肯定的な言葉を受け止めてください。夜は、寝る前に朝唱えた言葉をノートに書きましょう。月曜日の朝から21日間やってみるとベストです。

●なるべく月曜日の朝からやってみる

脳は区切りをつけると動きやすくなります。

●2、3日サボっても気にしない

「必ずやらねば」と思いすぎると、自己肯定感が低下してしまいます。サボってもいいというくらいの気持ちで、やり続けましょう。

●時にはピンとくる言葉を自分に言い聞かせる

表の言葉は絶対ではありません。その日に自分が言いたいと感じる言葉でOKくらいの気持ちで行いましょう。

1日目	「これから必ず良くなる。もっと良くなる」	自尊感情
2日目	「私は絶対運がいい、これからもっと運がいい」	
3日目	「私はツイテル！　ツイテル！　ツイテル！」	
4日目	「一喜一憂しなさんな。一喜一憂しなさんな」	自己受容感
5日目	「絶対なんとかなる！　なんとかなる！　なんとかなる！」	
6日目	「楽しいなー！　楽しい楽しい！　楽しいなー！」	
7日目	「運命は努力次第で変えられる。できる！」	自己効力感
8日目	「比べるのは、昨日の自分。やれる！」	
9日目	「どんなことがあっても可能性は無限大。大丈夫！」	
10日目	「どんなことがあってもうまくいく。必ずうまくいく！」	自己信頼感
11日目	「私の人生、何があっても安心だ！　安心、安心！」	
12日目	「私はこれがいい！　これがいい！　これがいい！」	
13日目	「私には力がある！　力がある！　力がある！」	自己決定感
14日目	「なるようになる！　なるようになる！　なるようになる！」	
15日目	「エイエイオー！　エイエイオー！　エイエイオー！」	
16日目	「私、ありがとう！　ありがとう！　ありがとう！」	自己有用感
17日目	「今が最高！　これからもっと最高！　今が最高！　これからもっと最高！」	
18日目	「私って、いいねー！　いいねー！　いいねー！」	
19日目	「幸せだなー！　幸せだなー！　幸せだなー！」	自己肯定感
20日目	「ヤッター！　ヤッター！　ヤッター！」	
21日目	「自分に花マル！　自分に花マル！　自分に花マル！」	

中島輝（なかしま・てる）

作家／対人関係評論家／自己肯定感の第一人者／「自己肯定感アカデミー」代表
著書累計70万部。プロアスリート・経営者・俳優など1万5000人以上の心理カウンセリングを手掛ける。 自己肯定感の第一人者。独自の自己肯定感理論を構築し人材育成を行い、受講生は3万人を超える。心理学、脳科学、NLPなどの手法を用い、独自の120のコーチングメソッドを開発し資格発行している。自己肯定感ムーブメントを生んだカリスマとして、「自己肯定感の重要性をすべての人に伝え、自立した生き方を推奨する」ことをミッションに掲げ、「一般財団法人自己肯定感学会」の代表、新しい生き方を探究する「風輝塾」の運営のほか、広く中島流メンタル・メソッドを知ってもらうための「自己肯定感カウンセラー講座」などを主催する。毎月500人以上のメンタルカウンセラーコーチ、トレーナー、セラピストを育成・輩出している。著書に『何があっても「大丈夫。」と思えるようになる 自己肯定感の教科書』『書くだけで人生が変わる自己肯定感ノート』ほか多数。

中島輝 公式Webサイト　https://ac-jikokoutei.com/

自己肯定感
チェックテスト

● ブックデザイン／西垂水敦、内田裕乃（krran）
● 編集／千木良まりえ、佐藤弘和
● 装画・中面イラスト／福士陽香
● 校正／小出美由規
● DTP／センターメディア

ホントのあなたは絶対に運がいい！

発行日　2024年11月22日　初版第1刷発行

著　者　中島輝
発行者　秋尾弘史
発行所　株式会社 扶桑社
〒105-8070
東京都港区海岸1-2-20　汐留ビルディング
電話　03-5843-8842（編集）
03-5843-8143（メールセンター）
www.fusosha.co.jp
印刷・製本　タイヘイ株式会社印刷事業部

Printed in Japan　ISBN 978-4-594-09793-6